Todos los libros de Linkgua Ediciones cuentan con modelos de Inteligencia Artificial entrenados por hispanistas. Pregúntale al chat de tu libro lo que desees acerca de la obra o su autor/a.

Para ebooks: Accede a nuestro modelo de IA a través de este enlace.

Para libros impresos: Escanea el código QR de la portada con tu dispositivo móvil.

Obtén análisis detallados de nuestros libros, resúmenes, respuestas a tus preguntas y accede a nuestras ediciones críticas generativas para una experiencia de lectura más enriquecedora.
La transparencia y el respeto hacia la autoría de las fuentes utilizadas son distintivos básicos de nuestro proyecto. Por ello, las respuestas ofrecen, mediante un sistema de citas, las fuentes con las que han sido elaboradas.

Félix María Samaniego

Fábulas en verso castellano para uso del Real Seminario Vascongado

Barcelona 2024
Linkgua—ediciones.com

Créditos

Título original: Fábulas en verso castellano para el uso del Real Seminario Vascongado.

© 2024, Red ediciones S.L.

e-mail: info@linkgua.com
Diseño de cubierta: Michel Mallard.

ISBN rústica ilustrada: 978-84-96290-57-0.
ISBN tapa dura: 978-84-1076-051-6.
ISBN ebook: 978-84-9897-747-9.

Cualquier forma de reproducción, distribución, comunicación pública o transformación de esta obra solo puede ser realizada con la autorización de sus titulares, salvo excepción prevista por la ley. Diríjase a CEDRO (Centro Español de Derechos Reprográficos, www.cedro.org) si necesita fotocopiar, escanear o hacer copias digitales de algún fragmento de esta obra.

Sumario

Créditos	4

Brevísima presentación — 13
    La vida — 13

Brevísima presentación — 15
    La vida — 15

Prólogo — 17

Libro I — 23
    Fábula I. El asno y el cochino — 23
    Fábula II. La cigarra y la hormiga — 25
    Fábula III. El muchacho y la Fortuna — 27
    Fábula IV. La codorniz — 27
    Fábula V. El águila y el escarabajo — 28
    Fábula VI. El león vencido por el hombre — 30
    Fábula VII. La zorra y el busto — 30
    Fábula VIII. El ratón de la corte y el del campo — 31
    Fábula IX. El herrero y el perro — 32
    Fábula X. La zorra y la cigüeña — 33
    Fábula XI. Las moscas — 34
    Fábula XII. El leopardo y las monas — 34
    Fábula XIII. El ciervo en la fuente — 35
    Fábula XIV. El león y la zorra — 36
    Fábula XV. La cierva y el cervato — 37
    Fábula XVI. El labrador y la cigüeña — 38
    Fábula XVII. La serpiente y la lima — 39
    Fábula XVIII. El calvo y la mosca — 39
    Fábula XIX. Los dos amigos y el oso — 40

Fábula XX. La águila, la gata y la jabalina	41
Fábula I. El león con su ejército	42
Fábula II. La lechera	45
Fábula III. El asno sesudo	46
Fábula IV. El zagal y las ovejas	47
Fábula V. La águila, la corneja y la tortuga	48
Fábula VI. El lobo y la cigüeña	49
Fábula VII. El hombre y la culebra	49
Fábula VIII. El pájaro herido de una flecha	50
Fábula IX. El pescador y el pez	50
Fábula X. El gorrión y la liebre	51
Fábula XI. Júpiter y la tortuga	52
Fábula XII. El charlatán	52
Fábula XIII. El milano y las palomas	54
Fábula XIV. Las dos ranas	54
Fábula XV. El parto de los montes	56
Fábula XVI. Las ranas pidiendo Rey	57
Fábula XVII. El asno y el caballo	58
Fábula XVIII. El cordero y el lobo	58
Fábula XIX. Las cabras y los chivos	59
Fábula XX. El caballo y el ciervo	60
Fábula I. La águila y el cuervo	61
Fábula II. Los animales con peste	63
Fábula III. El milano enfermo	65
Fábula IV. El león envejecido	66
Fábula V. La zorra y la gallina	67
Fábula VI. La cierva y el león	67
Fábula VII. El león enamorado	68
Fábula VIII. Congreso de los ratones	69
Fábula IX. El lobo y la oveja	70
Fábula X. El hombre y la pulga	71
Fábula XI. El cuervo y la serpiente	71

Fábula XII. El asno y las ranas	71
Fábula XIII. El asno y el perro	73
Fábula XIV. El león y el asno cazando	74
Fábula XV. El charlatán y el rústico	74
Fábula I. La mona corrida	76
Fábula II. El asno y Júpiter	77
Fábula III. El cazador y la perdiz	78
Fábula IV. El viejo y la muerte	79
Fábula V. El enfermo y el médico	80
Fábula VI. La zorra y las uvas	80
Fábula VII. La cierva y la viña	81
Fábula VIII. El asno cargado de reliquias	82
Fábula IX. Los dos machos	82
Fábula X. El cazador y el perro	83
Fábula XI. La tortuga y la águila	84
Fábula XII. El león y el ratón	85
Fábula XIII. Las liebres y las ranas	85
Fábula XIV. El gallo y el zorro	86
Fábula XV. El león y la cabra	87
Fábula XVI. La hacha y el mango	88
Fábula XVII. La onza y los pastores	88
Fábula XVIII. El grajo vano	90
Fábula XIX. El hombre y la comadreja	90
Fábula XX. Batalla de las comadrejas y los ratones	91
Fábula XXI. El león y la rana	92
Fábula XXII. El ciervo y los bueyes	92
Fábula XXIII. Los navegantes	94
Fábula XXIV. El torrente y el río	94
Fábula XXV. El león, el lobo y la zorra	95
Fábula I. Los ratones y el gato	97
Fábula II. El asno y el lobo	99
Fábula III. El asno y el caballo	100

Fábula IV. El labrador y la providencia   101
Fábula V. El asno vestido de león   102
Fábula VI. La gallina de los huevos de oro   103
Fábula VII. Los cangrejos   103
Fábula VIII. Las ranas sedientas   105
Fábula IX. El cuervo y el zorro   106
Fábula X. Un ojo y un picarón   107
Fábula XI. El carretero y Hércules   108
Fábula XII. La zorra y el chivo   108
Fábula XIII. El lobo, la zorra y el mono juez   109
Fábula XIV. Los dos gallos   109
Fábula XV. La mona y la zorra   110
Fábula XVI. La gata mujer   110
Fábula XVII. La leona y el oso   111
Fábula XVIII. El lobo y el perro flaco   112
Fábula XIX. La oveja y el ciervo   114
Fábula XX. La alforja   114
Fábula XXI. El asno infeliz   114
Fábula XXII. El jabalí y la zorra   115
Fábula XXIII. El perro y el cocodrilo   115
Fábula XXIV. La comadreja y los ratones   116
Fábula XXV. El lobo y el perro   117

Tomo II   121
    Advertencia   121

Libro VI   123
Fábula I. El Pastor y el Filósofo   123
Fábula II. El Hombre y la Fantasma   126
Fábula III. El Jabalí y el Carnero   127
Fábula IV. El Raposo, la Mujer y el Gallo   128
Fábula V. El Filósofo y el Rústico   129

Fábula VI. La Pava y la Hormiga   130
Fábula VII. El Enfermo y la Visión   132
Fábula VIII. El Camello y la Pulga   134
Fábula IX. El Cerdo, el Carnero y la Cabra   134
Fábula X. El León, el Tigre y el Caminante   135
Fábula XI. La Muerte   137
Fábula XII. El Amor y la Locura   137

Libro VII   139

Fábula I. El Raposo enfermo   139
Fábula II. Las exequias de la Leona   141
Fábula III. El Poeta y la Rosa   142
Fábula IV. El Búho y el Hombre   143
Fábula V. La Mona   145
Fábula VI. Esopo y un Ateniense   145
Fábula VII. Demetrio y Menandro   146
Fábula VIII. Las Hormigas   147
Fábula IX. Los Gatos escrupulosos   147
Fábula X. El Águila y la asamblea de los Animales   149
Fábula XI. La Paloma   150
Fábula XII. El Chivo afeitado   151

Libro VIII   153

Fábula I. El Naufragio de Simónides   153
Fábula II. El Filósofo y la Pulga   155
Fábula III. El Cazador y los Conejos   157
Fábula IV. El Filósofo y el Faisán   158
Fábula V. El Zapatero médico   159
Fábula VI. El Murciélago y la Comadreja   160
Fábula VII. La Mariposa y el Caracol   161
Fábula VIII. Los dos Titiriteros   163
Fábula IX. El Raposo y el Perro   165

Libro IX — 167

- Fábula I. El Gato y las Aves — 167
- Fábula II. La danza pastoril — 168
- Fábula III. Los dos Perros — 170
- Fábula IV. La Moda — 171
- Fábula V. El Lobo y el Mastín — 172
- Fábula VI. La Hermosa y el Espejo — 174
- Fábula VII. El Viejo y el Chalán — 175
- Fábula VIII. La Gata con cascabeles — 176
- Fábula IX. El Ruiseñor y el Mochuelo — 177
- Fábula X. El Amo y el Perro — 179
- Fábula XI. Los dos Cazadores — 180
- Fábula XII. El Gato y el Cazador — 181
- Fábula XIII. El Pastor — 182
- Fábula XIV. El Tordo flautista — 182
- Fábula XV. El Raposo y el Lobo — 183
- Fábula XVI. El Ciudadano Pastor — 184
- Fábula XVII. El Ladrón — 188
- Fábula XVIII. El joven Filósofo y sus compañeros — 188
- Fábula XIX. El Elefante, el Toro, el Asno y los demás Animales — 190

Libros a la carta — 195

Brevísima presentación

La vida

Tomás de Iriarte (1750-1791). España.

Nació en el Puerto de la Cruz de Orotava (Canarias) el 18 de septiembre de 1750. Estudió en Madrid con su tío don Juan de Iriarte. Fue oficial traductor de la Secretaría de Estado y archivero del Consejo Supremo de la Guerra. Amigo de los autores más destacados de su época, Iriarte concurrió a la tertulia de la Fonda de San Sebastián y tomó parte en las polémicas contra Sedano, Huerta y Forner. La obra más conocida de Iriarte es las Fábulas literarias (1782). Fue procesado por la Inquisición en 1786 y murió de gota, en Madrid, el 17 de septiembre de 1791.

Las Fábulas literarias aparecieron en 1782, un año más tarde que las de Samaniego; son poemas satíricos y morales con una ironía acerada. Iriarte utilizó en estos apólogos los preceptos clasicistas.

Brevísima presentación

La vida

Félix María Samaniego (Laguardia, la Rioja, 1745—1801). España.

Pertenecía a una familia de la nobleza guipuzcoana. Estudió leyes en la Universidad de Valladolid, pero no acabó la carrera. Luego se casó y vivió en Vergara.

Espíritu «didáctico»

Sus Fábulas fueron escritas para que sirvieran de lectura a los alumnos del Real Seminario Patriótico Vascongado, de Vergara. En 1781 se publicaron en Valencia los cinco primeros libros con el título de Fábulas en verso castellano y en 1784 aparecieron en Madrid en su versión definitiva. Están inspiradas en las obras de los fabulistas clásicos Esopo y Fedro, del francés Jean de La Fontaine y del inglés J. Gay. Tienen propósito didáctico y un estilo sencillo.

Samaniego se enemistó con su amigo Tomás de Iriarte cuando éste publicó sus propias fábulas, un año después que las suyas, y afirmó haber escrito «las primeras fábulas originales en lengua castellana».

Prólogo

Muchos son los sabios de diferentes siglos y naciones que han aspirado al renombre de Fabulistas; pero muy pocos los que han hecho esta carrera felizmente. Este conocimiento debiera haberme retraído del arduo empeño e meterme a contar fábulas en verso castellano. Así hubiera sido: pero permítame el público protestar con sinceridad en mi abono, que, en esta empresa no ha tenido parte mi elección. Es puramente obra de mi pronta obediencia debida a una persona en quien respeto unidas las calidades de tío, maestro, y jefe.

En efecto: el Director de la Real Sociedad Vascongada mirando la educación como a basa en que estriba la felicidad pública emplea la mayor parte de su celo patriótico en el cuidado de proporcionar a los jóvenes alumnos del Real Seminario Vascongado cuanto conduce a su instrucción y siendo por decirlo así el primer pasto con que se debe nutrir el espíritu de los niños las máximas morales disfrazadas en el agradable artificio de la fábula; me destinó a poner una colección de ellas en verso castellano, con el objeto de que recibiesen esta enseñanza ya que no mamándola con la leche, según deseó Platón a lo menos antes de llegar a estado de poder entender el latín.

Desde luego di principio a mi obrilla. Apenas pillaban los jóvenes seminaristas alguno de mis primeros ensayos, cuando los leían y estudiaban a porfía con indecible placer y facilidad; mostrando en esto el deleite que les causa un cuentecillo adornado con la dulzura y armonía poética, y libre para ellos de las espinas de la traducción, que tan desagradablemente les punzan en los principios de su enseñanza.

Aunque esta primera prueba me asegura en parte de la utilidad de mi empresa, que es la verdadera recomendación de un escrito, no se contenta con ella mi amor proprio. Siguiendo éste su ambiciosa condición desea que respectivamente logren mis Fábulas igual acogida que en los niños en los mayores, y aun si es posible entre los doctos: pero a la verdad esto no es tan fácil. Las espinas que dejan de encontrar en ellas los niños, las hallarán los que no lo son en los repetidos defectos de la obra. Quizá no parecerán estos tan de marca, dando aquí una breve noticia del método que he observado en la ejecución de mi asunto y de las razones que he tenido para seguirle.

Después de haber repasado los preceptos de la fábula, formé mi pequeña Librería de Fabulistas: examiné, comparé y elegí para mis modelos, entre todos ellos, después de Esopo, a Fedro y a La Fontaine: no tardé en hallar mi desengaño. El primero más para admirado que para seguido, tuve que abandonarlo a los primeros pasos. Si la unión de la elegancia y laconismo solo está concedida a este poeta en este género, ¿cómo podrá aspirará a ella quien escribe en lengua castellana y palpa los grados que a esta le faltan para igualar a la latina en concisión y energía? Este conocimiento en que me aseguró más y más la práctica, me obligó a separarme de Fedro.

Empecé a aprovecharme del segundo (como se deja ver en las fábulas de La cigarra y la hormiga; El cuervo y el zorro, y alguna otra); pero reconocí que no podía sin ridiculizarme trasladar a mis versos aquellas delicadas nuevas gracias, y sales, que tan fácil y naturalmente derrama este ingenioso fabulista en su narración.

No obstante en el estudio que hice de este autor, hallé no solamente que la mayor parte de sus argumentos son tomados Locmano, Esopo, y otros de los antiguos, sino que no tuvo reparo en entregarse a seguir su propio carácter tan francamente, que me atrevo a asegurar que apenas tuvo presente otro precepto en la narración, que la regla general que él mismo asienta en el prólogo de sus Fábulas en boca de Quintiliano: por mucho gracejo que se dé a la narración, nunca será demasiado.

Con las dificultades que toqué al seguir en la formación de mi obrita a estos dos fabulistas, y con el ejemplo que hallé, en el último, me resolví a escribir tomando en cerro los argumentos de Esopo, entresacando tal cual de algún moderno, y entregándome con libertad a mi genio, no solo en el estilo, y gusto de la narración, sino aun en el variar rara vez algún tanto ya del argumento, ya de la aplicación de la moralidad, quitando, añadiendo, o mudando alguna cosa, que sin tocar al cuerpo principal del apólogo contribuya a darle cierto aire de novedad y gracia.

En verdad que según mi conciencia más de cuatro veces se peca en este método contra los preceptos de la fábula; pero esta práctica licenciosa es tan corriente entre los fabulistas, que cualquiera que se ponga a cotejar una misma fábula en diferentes versiones, la hallará tan transformada en cada una de ellas respecto del original, que degenerando por grados de una en otra versión, vendrá a parecerle diferente en cada una de ellas. Pues si con todas estas licencias, o pecados contra las leyes de la fábula ha habido fabulistas, que han hecho su carrera hasta llegar al templo de la inmortalidad; ¿a qué meterme yo en escrúpulos, que ellos no tuvieron?

Si en algo he empleado casi nimiamente mi atención, ha sido en hacer versos fáciles hasta acomodarlos, según mi entender, a la comprensión de los muchachos. Que alguna vez parezca mi estilo no solo humilde, sino aun bajo, malo es; ¿mas no sería muchísimo peor, que haciéndolo incomprensible a los niños, ocupasen estos su memoria con inútiles coplas?

A pesar de mi desvelo en esta parte desconfío conseguir mi fin. Un autor moderno en su tratado de educación dice que en toda la colección de La Fontaine, no conoce sino cinco o seis fábulas en que brilla con eminencia la sencillez pueril, y aun haciendo análisis de alguna de ellas, encuentra pasajes desproporcionados a la inteligencia de los niños.

Esta crítica ha sido para mí una lección. Confesaré sinceramente, que no he acertado a aprovecharme de ella, si en mi colección no se halla más de la mitad de fábulas que en la claridad y sencillez del estilo no pueda apostárselas a la prosa más trivial. Éste me ha parecido el solo medio de acercarme al lenguaje en que debemos enseñar a los muchachos: pero ¿quién tendrá bastante filosofía para acertar a ponerse en el lugar de estos y medir así los grados a que llega la comprensión de un niño?

En cuanto al metro no guardo uniformidad: no es esencial a la fábula, como no lo es al Epigrama y a la Lira, que admiten infinita variedad de metros. En los Apólogos hay tanta inconexión de uno a otro como en las Liras y Epigramas. Con la variedad de metros he procurado huir de aquel monotonismo que adormece los sentidos y se opone a la varia armonía que tanto deleita el ánimo y aviva la atención. Los jóvenes que tomen de memoria estos versos, adquirirán con la repetición de ellos alguna facilidad en hacerlos arreglados a las diversas medidas, a que por este medio acostumbren su oído

Verdad es que se hallará en mis versos gran copia de endecasílabos pareados con la alternativa de pies quebrados o de siete sílabas; pero me he acomodado a preferir su frecuente uso al de otros metros, por la ventaja que no tienen los de estancias más largas, en las cuales por acomodar una sola voz que falte para la clara explicación de la sentencia, o queda confuso y como estrujado el pensamiento, o demasiadamente holgado y lleno de ripio.

En conclusión: Puede perdonárseme bastante por haber sido el primero en la nación que ha abierto el paso a esta carrera en que he caminado sin guía por no haber tenido a bien entrar en ella nuestros célebres poetas castellanos.

Dichoso yo si logro que con la ocasión de corregir mis defectos, dediquen ciertos genios poéticos sus tareas a cultivar éste, y otros importantes ramos de instrucción y provecho. Mientras así no lo hagan, habremos de contentarnos con leer sus excelentes églogas y sacar de sus dulcísimos versos casi tanta melodía como de la mejor música, del divino Heyden, aunque tal vez no mayor enseñanza, ni utilidad.

Libro I

Fábula I. El asno y el cochino
A los caballeros alumnos del Real Seminario Patriótico Vascongado

Oh jóvenes amables,
que en vuestros tiernos años
al Templo de Minerva
dirigís vuestros pasos,
seguid, seguid la senda,   5
en que marcháis, guiados
a la luz de las Ciencias
por profesores sabios.
Aunque el camino sea,
ya difícil, ya largo,   10
lo allana y facilita
el tiempo y el trabajo.
Rompiendo el duro suelo,
con la esteva agobiado,
el labrador sus bueyes   15
guía con paso tardo;
mas al fin llega a verse
en medio del verano,
de doradas espigas,
como Céres, rodeado.   20
A mayores tareas,
a más graves cuidados
es mayor, y más dulce
el premio y el descanso.

Tras penosas fatigas,   25
la labradora mano
¡Con qué gusto recoge
los racimos de Baco!
Ea, jóvenes, ea,
seguid, seguid marchando   30
al Templo de Minerva
a recibir el lauro.
Mas yo sé, caballeros,
que un joven entre tantos
responderá a mis voces: 35
No puedo, que me canso.
Descansa enhorabuena:
¿Digo yo lo contrario?
Tan lejos estoy de eso,
que en estos versos trato   40
de daros un asunto
que instruya deleitando.
Los perros y los lobos,
los ratones y gatos,
las zorras y las monas,   45
los ciervos y caballos
os han de hablar en verso;
pero con juicio tanto,
que sus máximas sean
los consejos más sanos.   50
Deleitados en ello,
y con este descanso,
a las serias tareas
volved más alentados.
Ea, jóvenes, ea,   55
seguid, seguid marchando

al Templo de Minerva
a recibir el lauro.
¡Pero qué! ¿os detiene
el ocio y el regalo? 60
Pues escuchad a Esopo,
mis jóvenes amados:
Envidiando la suerte del cochino,
un asno maldecía su destino.
«Yo, decía, trabajo y como paja; 65
él come harina, y berza, y no trabaja:
A mí me dan de palos cada día;
a él le rascan y halagan a porfía.»
Así se lamentaba de su suerte;
pero luego que advierte 70
que a la pocilga alguna gente avanza
en guisa de matanza,
armada de cuchillo y de caldera,
y que con maña fiera
dan al gordo cochino fin sangriento, 75
dijo entre sí el jumento:
Si en esto para el ocio y los regalos,
al trabajo me atengo y a los palos.

    Fábula II. La cigarra y la hormiga
Cantando la cigarra
pasó el verano entero,
sin hacer provisiones
allá para el invierno;
los fríos la obligaron 5
a guardar el silencio
y a acogerse al abrigo
de su estrecho aposento.

Viose desproveida
del preciso sustento: 10
sin mosca, sin gusano,
sin trigo, sin centeno.
Habitaba la hormiga
allí tabique en medio,
y con mil expresiones 15
de atención y respeto
la dijo: «Doña Hormiga,
pues que en vuestros graneros
sobran las provisiones
para vuestro alimento, 20
prestad alguna cosa
con que viva este invierno
esta triste cigarra,
que, alegre en otro tiempo,
nunca conoció el daño, 25
nunca supo temerlo.
No dudéis en prestarme;
que fielmente prometo
pagaros con ganancias
por el nombre que tengo.» 30
La codiciosa hormiga
respondió con denuedo,
ocultando a la espalda
las llaves del granero:
«¡Yo prestar lo que gano 35
con un trabajo inmenso!
Dime, pues, holgazana,
¿qué has hecho en el buen tiempo?—
Yo, dijo la cigarra,
a todo pasajero 40

cantaba alegremente
sin cesar ni un momento.—
¡Hola!, ¿con que, cantabas
cuando yo andaba al remo?
Pues ahora, que yo como,   45
baila, pese a tu cuerpo.

Fábula III. El muchacho y la Fortuna
A la orilla de un pozo
sobre la fresca hierba,
un incauto mancebo
dormía a pierna suelta.
Gritole la Fortuna: 5
«Insensato, despierta;
¿no ves que ahogarte puedes,
a poco que te muevas?
Por ti y otros canallas
a veces me motejan   10
los unos de inconstante,
y los otros de adversa.
Reveses de Fortuna
llamáis a las miserias.
¿Por qué, si son reveses   15
de la conducta necia?

    Fábula IV. La codorniz
Presa en estrecho lazo
la codorniz sencilla,
daba quejas al aire,
ya tarde arrepentida,
«¡Ay de mí miserable   5
infeliz avecilla,

que antes cantaba libre,
y ya lloro cautiva!
Perdí mi nido amado,
perdí en él mis delicias; 10
al fin perdilo todo,
pues que perdí la vida.
¿Por qué desgracia tanta?
¿Por qué tanta desdicha?
¡Por un grano de trigo! 15
¡Oh, cara golosina!
El apetito ciego,
¡a cuantos precipita,
que por lograr un nada
un todo sacrifican! 20

   Fábula V. El águila y el escarabajo
Que me matan; favor: así clamaba
una liebre infeliz, que se miraba
en las garras de una águila sangrienta.
A las voces, según Esopo cuenta,
acudió un compasivo escarabajo; 5
y viendo a la cuitada en tal trabajo,
por libertarla de tan cruda muerte,
lleno de horror exclama de esta suerte:
«¡Oh Reina de las aves escogida!,
¿por qué quitas la vida 10
a este pobre animal manso y cobarde?
¿No sería mejor hacer alarde
de devorar a dañadoras fieras,
o ya que resistencia hallar no quieras,
cebar tus uñas y tu corbo pico 15
en el frío cadáver de un borrico?»

Cuando el Escarabajo así decía,
la águila con desprecio se reía,
y sin usar de más atenta frase,
mata, trincha, devora, pilla, y vase.   20
El pequeño animal así burlado
quiere verse vengado.
En la ocasión primera
vuela al nido del águila altanera;
halla solos los huevos, y arrastrando,   25
uno por uno fuelos despeñando;
mas como nada alcanza
a dejar satisfecha una venganza,
cuantos huevos ponía en adelante
se los hizo tortilla en el instante.   30
La Reina de las aves sin consuelo,
remontando su vuelo,
a Júpiter excelso humilde llega,
expone su dolor, pídele, ruega
remedie tanto mal. El dios propicio,   35
por un incomparable beneficio,
en su regazo hizo que pusiese
el águila sus huevos, y se fuese;
que a la vuelta colmada de consuelos
encontraría hermosos sus polluelos.   40
Supo el escarabajo el caso todo:
Astuto e ingenioso hace de modo
que una bola fabrica diestramente
de la materia en que continuamente
trabajando se halla,   45
cuyo nombre se sabe, aunque se calla,
y que, según yo pienso,
para los dioses no es muy buen incienso.

Carga con ella, vuela, y atrevido
pone su bola en el sagrado nido.   50
Júpiter, que se vio con tal basura
al punto sacudió su vestidura,
haciendo, al arrojar la albondiguilla,
con la bola y los huevos su tortilla.
Del trágico suceso noticiosa,   55
arrepentida el águila y llorosa
aprendió esta lección a mucho precio:
A nadie se le trate con desprecio,
como al escarabajo,
porque al más miserable, vil y bajo,   60
para tomar venganza, si se irrita,
¿le faltará siquiera una bolita?

Fábula VI. El león vencido por el hombre
Cierto artífice pintó
una lucha, en que, valiente
un hombre tan solamente
a un horrible león venció,
otro león, que el cuadro vio,   5
sin preguntar por su autor,
en tono despreciador
dijo: Bien se deja ver,
que es pintar como querer,
y no fue león el pintor.   10

Fábula VII. La zorra y el busto
Dijo la zorra al busto,
después de olerlo:
«Tu cabeza es hermosa,
pero sin seso.»

Como éste hay muchos, 5
  que aunque parecen hombres,
  solo son Bustos.

Fábula VIII. El ratón de la corte y el del campo
  Un ratón cortesano
  convidó con un modo muy urbano
  a un ratón campesino.
  Diole gordo tocino,
  queso fresco de Holanda, 5
  y una despensa llena de vianda
  era su alojamiento,
  pues no pudiera haber un aposento
  tan magníficamente preparado,
  aunque fuese en Ratópolis buscado 10
  con el mayor esmero,
  para alojar a Roepan Primero.
  Sus sentidos allí se recreaban;
  las paredes y techos adornaban,
  entre mil ratonescas golosinas, 15
  salchichones, perniles y cecinas.
  Saltaban de placer, ¡oh qué embeleso!,
  de pernil en pernil, de queso en queso.
  En esta situación tan lisonjera
  llega la despensera. 20
  Oyen el ruido, corren, se agazapan,
  pierden el tino, mas al fin se escapan
  atropelladamente
  por cierto pasadizo abierto a diente.
  «¡Esto tenemos!, dijo el campesino; 25
  reniego yo del queso, del tocino,
  y de quien busca gustos

entre los sobresaltos y los sustos.»
Volvióse a su campaña en el instante
y estimó mucho más de allí adelante, 30
sin zozobra, temor ni pesadumbres,
su casita de tierra y sus legumbres.

   Fábula IX. El herrero y el perro
Un herrero tenía
un perro que no hacía
sino comer, dormir y estarse echado;
de la casa jamás tuvo cuidado;
levantábase solo a mesa puesta; 5
entonces con gran fiesta
al dueño se acercaba,
con perrunas caricias lo halagaba,
mostrando de cariño mil excesos
por pillar las piltrafas y los huesos. 10
«He llegado a notar, le dijo el amo,
que aunque nunca te llamo
a la mesa, te llegas prontamente;
en la fragua jamás te vi presente,
y yo me maravillo 15
de que no despertándote el martillo,
te desveles al ruido de mis dientes.
Anda, anda, poltrón; no es bien que cuentes
que el amo, hecho un gañán y sin reposo,
te mantiene a lo Conde muy ocioso.» 20
El perro le responde:
«¿Qué más tiene que yo cualquiera Conde?
Para no trabajar debo al destino
haber nacido perro, y no pollino.—
Pues, señor Conde, fuera de mi casa; 25

verás en las demás lo que te pasa.»
En efecto salió a probar fortuna,
y las casas anduvo de una en una.
Allí le hacen servir de centinela
y que pase la noche toda en vela, 30
acá de lazarillo, y de danzante,
allá dentro de un torno, a cada instante,
asa la carne que comer no espera.
Al cabo conoció de esta manera
que el destino, y no es cuento, 35
a todos nos cargó como al jumento.

 Fábula X. La zorra y la cigüeña
Una zorra se empeña
en dar una comida a la Cigüeña;
la convidó con tales expresiones,
que anunciaban sin duda provisiones
de lo más excelente y exquisito. 5
Acepta alegre, va con apetito;
pero encontró en la mesa solamente
gigote claro sobre chata fuente.
En vano a la comida picoteaba,
pues era para el guiso que miraba 10
inútil tenedor su largo pico.
La Zorra con la lengua y el hocico
limpió tan bien su fuente, que pudiera
servir de fregatriz, si a Holanda fuera.
Mas de allí a poco tiempo, convidada 15
de la cigüeña, halla preparada
una redoma de gigote llena;
allí fue su aflicción, allí su pena;
el hocico goloso al punto asoma

al cuello de la hidrópica redoma, 20
mas en vano, pues era tan estrecho,
cual si por la Cigüeña fuese hecho.
Envidiosa de ver que a conveniencia
chupaba la del pico a su presencia,
vuelve, tienta, discurre, 25
huele, se desatina, en fin se aburre;
marchó rabo entre piernas, tan corrida,
que ni aun tuvo siquiera la salida
de decir: están verdes, como antaño.
También hay para pícaros engaño. 30

    Fábula XI. Las moscas
A un panal de rica miel
dos mil Moscas acudieron,
que por golosas murieron
presas de patas en él.
Otras dentro de un pastel 5
enterró su golosina.
Así, si bien se examina,
los humanos corazones
perecen en las prisiones
del vicio que los domina. 10

    Fábula XII. El leopardo y las monas
No a pares, a docenas encontraba
las Monas en Tetuán, cuando cazaba,
un Leopardo; apenas lo veían,
a los árboles todas se subían,
quedando del contrario tan seguras, 5
que pudiera decir: No están maduras.
El cazador, astuto, se hace el muerto

tan vivamente, que parece cierto.
Hasta las viejas Monas
alegres en el caso y juguetonas,   10
empiezan a saltar; la más osada
baja, arrímase al muerto de callada,
mira, huele y aún tienta,
y grita muy contenta:
«Llegad, que muerto está de todo punto,   15
tanto, que empieza a oler el tal difunto.»
Bajan todas con bulla y algazara:
Ya le tocan la cara,
ya le saltan encima,
aquélla se le arrima,   20
y haciendo mimos, a su lado queda;
otra se finge muerta y lo remeda.
Mas luego que las siente fatigadas
de correr, de saltar y hacer monadas
levántase ligero,   25
y más que nunca fiero,
pilla, mata, devora, de manera
que parecía la sangrienta fiera,
cubriendo con los muertos la campaña,
al Cid matando moros en España.   30
Es el peor enemigo el que aparenta
no poder causar daño; porque intenta,
inspirando confianza,
asegurar su golpe de venganza.

  Fábula XIII. El ciervo en la fuente
Un ciervo se miraba
en una hermosa cristalina fuente;
placentero admiraba

los enramados cuernos de su frente,
pero al ver sus delgadas, largas piernas,   5
al alto cielo daba quejas tiernas.
«¡Oh Dioses! ¿A qué intento,
a esta fábrica hermosa de cabeza
construís su cimiento
sin guardar proporción en la belleza?   10
¡Oh qué pesar! ¡Oh qué dolor profundo!
¡No haber gloria cumplida en este mundo!»
Hablando de esta suerte
el ciervo, vio venir a un lebrel fiero.
Por evitar su muerte   15
parte al espeso bosque muy ligero;
pero el cuerno retarda su salida,
con una y otra rama entretejida.
Mas libre del apuro
a duras penas, dijo con espanto: 20
«Si me veo seguro,
pese a mis cuernos, fue por correr tanto;
lleve el diablo lo hermoso de mis cuernos,
haga mis feos pies el cielo eternos.»
Así frecuentemente   25
el hombre se deslumbra con lo hermoso;
elige lo aparente,
abrazando tal vez lo más dañoso;
pero escarmiente ahora en tal cabeza:
El útil bien es la mejor belleza.   30

   Fábula XIV. El león y la zorra
Un león en otro tiempo poderoso,
ya viejo y achacoso,
en vano perseguía, hambriento y fiero,

al mamón becerrillo y al cordero,
que trepando por la áspera montaña, 5
huían libremente de su saña.
Afligido de la hambre a par de muerte
discurrió su remedio de esta suerte:
Hace correr la voz de que se hallaba
enfermo en su palacio, y deseaba 10
ser de los animales visitado.
Acudieron algunos de contado;
mas como el grave mal que lo postraba
era un hambre voraz, tan solo usaba
la receta exquisita 15
de engullirse al Monsieur de la visita.
Acércase la zorra de callada,
y a la puerta asomada
atisba muy despacio
la entrada de aquel cóncavo palacio. 20
El León la divisó y en el momento
la dice: «Ven acá; pues que me siento
en el último instante de mi vida,
visítame como otros, mi querida.—
¡Cómo otros! ¡Ah señor!, he conocido 25
que entraron, sí, pero que no han salido.
Mirad, mirad la huella,
bien claro lo dice ella;
y no es bien el entrar do no se sale.»
La prudente cautela mucho vale. 30

Fábula XV. La cierva y el cervato
A una cierva decía
su tierno cervatillo: «Madre mía,
¡es posible que un perro solamente

al bosque te haga huir cobardemente,
siendo él mucho menor, menos pujante! 5
¿Por qué no has de ser tú más arrogante?—
Todo es cierto, hijo mío;
y cuando así lo pienso, desafío
a mis solas a veinte perros juntos.
Figúrome luchando, y que difuntos 10
dejo a los unos; que otros, falleciendo,
pisándose las tripas, van huyendo
en vano de la muerte,
y a todos venzo de gallarda suerte;
mas si embebida en este pensamiento, 15
a un perro ladrar siento,
escapo más ligera que un venablo,
y mi victoria se la lleva el diablo.»
A quien no sea de animo esforzado
no armarlo de soldado, 20
pues por más que, al mirarse la armadura,
piense, en tiempo de paz, que su bravura
herirá, matará cuanto acometa;
en oyendo en campaña la trompeta,
hará lo que la corza de la historia, 25
mas que el Diablo se lleve la victoria

Fábula XVI. El labrador y la cigüeña
Un labrador miraba
con duelo su sembrado,
porque gansos y grullas
de su trigo solían hacer pasto.
Armó sin más tardanza 5
diestramente sus lazos,
y cayeron en ellos
la cigüeña, las grullas, y los gansos.

«Señor rústico, dijo
la cigüeña temblando,					10
quíteme las prisiones,
pues no merezco pena de culpados:
La Diosa Ceres sabe,
que lejos de hacer daño,
limpio de sabandijas,					15
de culebras y víboras los campos.—
Nada me satisface,
respondió el hombre airado:
Te hallé con delincuentes,
con ellos morirás entre mis manos».		20
La inocente cigüeña
tuvo el fin desgraciado
que pueden prometerse
los buenos que se juntan con los malos.

  Fábula XVII. La serpiente y la lima
En casa de un cerrajero
entró la serpiente un día,
y la insensata mordía
en una lima de acero.
Díjole la lima: «El mal					5
necia será para ti;
¿cómo has de hacer mella en mí
que hago polvos el metal?»
Quien pretende sin razón
al más fuerte derribar,					10
no consigue sino dar
coces contra el aguijón.

  Fábula XVIII. El calvo y la mosca
Picaba impertinente

en la espaciosa calva de un anciano
una mosca insolente.
Quiso matarla, levantó la mano,
tiró un cachete, pero fuese salva, 5
hiriendo el golpe la redonda calva.
Con risa desmedida
la mosca prorrumpió: «Calvo maldito
si quitarme la vida
intentaste por un leve delito, 10
¿a qué pena condenas a tu brazo
bárbaro ejecutor de tal porrazo?—
»Al que obra con malicia,
le respondió el varón prudentemente,
rigurosa justicia 15
debe dar el castigo conveniente,
y es bien ejercitarse la clemencia
en el que peca por inadvertencia.
»Sabe, mosca villana,
que coteja el agravio recibido 20
la condición humana
según la mano de donde ha venido»;
que el grado de la ofensa tanto asciende
cuanto sea más vil aquel que ofende.

Fábula XIX. Los dos amigos y el oso
A dos amigos se aparece un oso:
El uno muy medroso,
en las ramas de un árbol se asegura;
el otro abandonado a la ventura,
se finge muerto repentinamente. 5
El Oso se le acerca lentamente:
mas como este animal, según se cuenta,

de cadáveres nunca se alimenta,
sin ofenderlo lo registra y toca,
huelele las narices y la boca; 10
no le siente el aliento,
ni el menor movimiento,
y así se fue diciendo sin recelo:
«Este tan muerto está como mi abuelo.»
Entonces el cobarde 15
de su grande amistad haciendo alarde,
del árbol se desprende muy ligero,
corre, llega y abraza al compañero,
pondera la fortuna
de haberlo hallado sin lesión alguna. 20
Y al fin le dice: «Sepas que he notado
que el oso te decía algún recado.
¿Qué pudo ser? —direte lo que ha sido;
estas dos palabritas al oído:
Aparta tu amistad de la persona 25
que si te ve en el riesgo, te abandona.»

Fábula XX. La águila, la gata y la jabalina
  Una águila anidó sobre una encina.
Al pie criaba cierta jabalina,
y era un hueco del tronco corpulento
de una gata y sus crías aposento.
Esta gran marrullera 5
sube al nido del águila altanera,
y con fingidas lágrimas la dice:
«¡Ay mísera de mí!, ¡ay infelice!
Este sí que es trabajo:
La vecina que habita el cuarto bajo, 10
como tú misma ves, el día pasa

hozando los cimientos de la casa.
La arruinará; y en viendo la traidora
por tierra a nuestros hijos los devora.»
Después que dejó el águila asustada, 15
a la cueva se baja de callada,
y dice a la cerdosa: «Buena amiga,
has de saber que el águila enemiga,
cuando saques tus crías hacia el monte,
las ha de devorar; así disponte.» 20
La gata aparentando que temía
se retiró a su cuarto, y no salía
sino de noche que con maña astuta
abastecía su pequeña gruta.
La jabalina, con tan triste nueva, 25
no salió de su cueva.
La águila, en el ramaje temerosa
haciendo centinela, no reposa.
En fin, a ambas familias la hambre mata,
y de ellas hizo víveres la gata. 30
Jóvenes, ojo alerta, gran cuidado;
que un chismoso en amigo disfrazado,
con capa de amistad cubre sus trazas,
y así causan el mal sus añagazas.
Libro II

    Fábula I. El león con su ejército
A don Javier María de Munibe e Idiáquez,
Conde de Peñaflorida, director perpetuo de la
Real Sociedad Vascongada de los amigos del
país
Mientras que con la espada en mar y tierra
los ilustres varones

engrandecen su fama por la guerra
sojuzgando Naciones,
Tu, CONDE, con la pluma y el arado,   5
ya enriqueces la Patria, ya la instruyes;
y haciendo venturosos has ganado
el bien que buscas y el laurel que huyes.
Con darte todo al bien de los humanos
no contento tu celo,   10
supo unir a los nobles ciudadanos
para felicidad del patrio suelo.
La hormiga codiciosa
trabaja en sociedad fructuosamente,
y la abeja oficiosa   15
labra siempre, ayudada de su gente.
Así unes a los hombres laboriosos
para hacer sus trabajos más fructuosos.
Aquél viaja observando
por las Naciones cultas;   20
éste con experiencias va mostrando
las útiles verdades más ocultas.
Cuál cultiva los campos, cuál las ciencias;
y de diversos modos,
juntando estudios, viajes y experiencias,   25
resulta el bien en que trabajan todos.
¡En que trabajan todos!, ya lo dije,
por más que yo también sea contado.
El sabio PRESIDENTE que nos rige
tiene aun a el más inútil ocupado.   30
Darme, CONDE, querías un destino,
al contemplarme ocioso e ignorante.
Era difícil, mas al fin tu tino
encontró un genio en mí versificante.

A Fedro y La Fontaine por modelos 35
me pusiste a la vista,
y hallaron tus desvelos
que pudiera ensayarme a fabulista.
Y pues viene al intento
pasemos al ensayo: va de cuento. 40
El león, Rey de los bosques poderoso,
quiso armar un Ejército famoso.
Junto sus animales al instante:
Empezó por cargar al elefante
un castillo con útiles, y encima 45
rabiosos lobos que pusiesen grima.
Al oso lo encargó de los asaltos;
al mono con sus gestos y sus saltos
mandó que al enemigo entretuviese;
a la zorra que diese 50
ingeniosos ardides al intento.
Uno gritó: «La liebre y el jumento,
éste por tardo, aquélla por medrosa,
de estorbo servirán, no de otra cosa.—
¿De estorbo? (dijo el Rey), yo no lo creo. 55
En la liebre tendremos un correo,
y en el asno mis tropas un trompeta.»
Así quedó la Armada bien completa.
Tu retrato es el león, CONDE prudente,
y si a tu imitación, según deseo, 60
examinan los jefes a su gente,
a todos han de dar útil empleo.
¿Por qué no lo han de hacer?, ¿habrá cucaña

como no hallar ociosos en España?

   Fábula II. La lechera
Llevaba en la cabeza
una lechera el cántaro al mercado
con aquella presteza,
aquel aire sencillo, aquel agrado,
que va diciendo a todo el que lo advierte, 5
¡yo sí que estoy contenta con mi suerte!
Porque no apetecía
más compañía que su pensamiento,
que alegre la ofrecía
inocentes ideas de contento, 10
marchaba sola la feliz lechera,
y decía entre sí de esta manera:
«Esta leche vendida,
en limpio me dará tanto dinero,
y con esta partida 15
un canasto de huevos comprar quiero,
para sacar cien pollos, que al estío
me rodeen cantando el pío, pío.
»Del importe logrado
de tanto pollo, mercaré un cochino; 20
con bellota, salvado,
berza, castaña engordará sin tino;
tanto que puede ser que yo consiga
ver como se le arrastra la barriga.
»Llevarelo al mercado; 25
sacaré de él sin duda buen dinero:
Compraré de contado
una robusta vaca y un ternero,
que salte y corra toda la campaña,

hasta el monte cercano a la cabaña.» 30
Con este pensamiento
enajenada, brinca de manera,
que a su salto violento
el cántaro cayó. ¡Pobre lechera!
¡Qué compasión! Adiós leche, dinero, 35
huevos, pollos, lechón, vaca y ternero.
¡Oh, loca fantasía!
¡Qué palacios fabricas en el viento!
Modera tu alegría;
no sea que saltando de contento, 40
al contemplar dichosa tu mudanza,
quiebre su cantarillo la esperanza.
No seas ambiciosa
de mejor, o más próspera fortuna,
que vivirás ansiosa 45
sin que pueda saciarte cosa alguna.
No anheles impaciente el bien futuro,
mira que ni el presente está seguro.

    Fábula III. El asno sesudo
Cierto burro pacía
en la fresca y hermosa pradería
con tanta paz como si aquella tierra
no fuese entonces teatro de la guerra.
Su dueño que con miedo lo guardaba, 5
de centinela en la ribera estaba.
Divisa al enemigo en la llanura;
baja, y al buen borrico le conjura
que huya precipitado.
El asno muy sesudo y reposado, 10
empieza a andar a paso perezoso.
Impaciente su dueño y temeroso

con el marcial ruido
de bélicas trompetas al oído,
le exhorta con fervor a la carrera. 15
«¡Yo correr!, dijo el asno, bueno fuera;
que llegue enhorabuena Marte fiero;
me rindo y él me lleva prisionero.
¿Servir aquí o allí no es todo uno?
¿Me pondrán dos albardas? No, ninguno. 20
Pues nada pierdo, nada me acobarda;
siempre seré un esclavo con albarda.»
No estuvo mas en sí, ni más entero
que el buen pollino Amyclas, el barquero,
cuando en su humilde choza le despierta 25
César, con sus soldados a la puerta,
para que a la Calabria los guiase.
¿Se podría encontrar quien no temblase
entre los poderosos
de insultos militares horrorosos 30
de la guerra enemiga?
No hay sino la pobreza que consiga
esta gran exención: de aquí le viene.
Nada teme perder quien nada tiene.

    Fábula IV. El zagal y las ovejas
Apacentando un joven su ganado,
gritó desde la cima de un collado:
«¡Favor!, que viene el lobo, labradores.»
Estos, abandonando sus labores,
acuden prontamente, 5
y hallan que es una chanza solamente.
Vuelve a clamar, y temen la desgracia;
segunda vez los burla. ¡Linda gracia!
¿Pero qué sucedió la vez tercera?

    Que vino en realidad la hambrienta fiera.   10
    Entonces el Zagal se desgañita,
    y por más que patea, llora y grita,
    no se mueve la gente escarmentada,
    y el lobo le devora la manada.
    ¡Cuantas veces resulta de un engaño   15
    contra el engañador el mayor daño!

Fábula V. La águila, la corneja y la tortuga
    A una tortuga una águila arrebata:
    la ladrona se apura y desbarata
    por hacerla pedazos,
    ya que no con la garra, a picotazos.
    Viéndola una corneja en tal faena,   5
    la dice: «En vano tomas tanta pena:
    ¿No ves que es la tortuga, cuya casa
    diente, cuerno, ni pico la traspasa,
    y si siente que llaman a su puerta,
    se finge la dormida, sorda o muerta?—   10
    Pues, ¿qué he de hacer? —Remontarás tu vuelo,
    y en mirándote allá cerca del cielo
    la dejaras caer sobre un peñasco,
    y se hará una tortilla el duro casco.»
    La águila, porque diestra lo ejecuta,   15
    y la corneja astuta,
    por autora de aquella maravilla,
    juntamente comieron la tortilla.
    ¿Qué podrá resistirse a un poderoso
    guiado de un consejo malicioso?   20
    De estos tales se aparta el que es prudente;
    y así, por escaparse de esta gente,
    las descendientes de la tal tortuga

a cuevas ignoradas hacen fuga.

    Fábula VI. El lobo y la cigüeña
Sin duda alguna que se hubiera ahogado
un lobo con un hueso atragantado,
si a la sazón no pasa una cigüeña.
El paciente la ve, hácela seña;
llega, y ejecutiva,   5
con su pico, jeringa primitiva,
cual diestro cirujano,
hizo la operación y quedó sano.
Su salario pedía,
pero el ingrato lobo respondía: 10
«¿Tu salario? Pues, ¿qué más recompensa
que el no haberte causado leve ofensa,
y dejarte vivir para que cuentes
que pusiste tu vida entre mis dientes?»
Marchó por evitar una desdicha,   15
sin decir tus ni mus, la susodicha.
Haz bien, dice el proverbio castellano,
y no sepas a quien; pero es muy llano,
que no tiene razón ni por asomo:
es menester saber a quien y cómo.   20
El ejemplo siguiente
nos hará esta verdad más evidente.

    Fábula VII. El hombre y la culebra
A una culebra que de frío yerta
en el suelo yacía medio muerta
un labrador cogió; mas fue tan bueno,
que incautamente la abrigó en su seno.
Apenas revivió, cuando la ingrata   5

a su gran bienhechor traidora mata.

Fábula VIII. El pájaro herido de una flecha
Un pájaro inocente,
herido de una flecha
guarnecida de acero
y de plumas ligeras,
decía en su lenguaje   5
con amargas querellas:
«¡Oh crueles humanos!
Más crueles que fieras,
con nuestras propias alas,
que la Naturaleza   10
nos dio, sin otras armas
para propia defensa,
forjáis el instrumento
de la desdicha nuestra,
haciendo que inocentes   15
prestemos la materia.
Pero no, no es extraño,
que así bárbaros sean
aquellos que en su ruina
trabajan, y no cesan.   20
Los unos y otros fraguan
armas para la guerra,
y es dar contra sus vidas
plumas para las flechas.»

Fábula IX. El pescador y el pez
Recoge un pescador su red tendida,
y saca un pececillo. «Por tu vida,
exclamó el inocente prisionero,

dame la libertad: solo la quiero,
mira que no te engaño,
porque ahora soy ruin; dentro de un año
sin duda lograrás el gran consuelo
de pescarme más grande que mi abuelo.
¡Qué!, ¿te burlas?, ¿te ríes de mi llanto?
Solo por otro tanto
a un hermanito mío
un Señor Pescador lo tiró al río.—
¿Por otro tanto al río?, ¡qué manía!,
replicó el pescador, ¿pues no sabía
que el refrán castellano
dice: más vale pájaro en la mano...?
A sartén te condeno; que mi panza
no se llena jamás con la esperanza.»

    Fábula X. El gorrión y la liebre
Un maldito gorrión así decía
a una liebre, que una águila oprimía:
«¡No eres tú tan ligera,
que si el perro te sigue en la carrera,
lo acarician y alaban como al cabo
acerque sus narices a tu rabo?
Pues empieza a correr, ¿qué te detiene?»
De este modo la insulta, cuando viene
el diestro gavilán y lo arrebata.
El preso chilla, el prendedor lo mata;
y la liebre exclamó: «Bien merecido.
¿Quién te mandó insultar al afligido,
y a más, a más meterte a consejero,

no sabiendo mirar por ti primero?»

    Fábula XI. Júpiter y la tortuga
A las bodas de Júpiter estaban
todos los animales convidados:
Unos y otros llegaban
a la fiesta nupcial apresurados.
No faltaba a tan grande concurrencia   5
ni aún la reptil y más lejana oruga,
cuando llega muy tarde y con paciencia,
a paso perezoso, la tortuga:
Su tardanza reprehende el dios airado,
y ella le respondió sencillamente: 10
«Si es mi casita mi retiro amado,
¿cómo podré dejarla prontamente?»
Por tal disculpa Júpiter tonante,
olvidando el indulto de las fiestas,
la ley del caracol le echó al instante,   15
que es andar con la casa siempre a cuestas.
Gentes machuchas hay que hacen alarde
de que aman su retiro con exceso;
pero a su obligación acuden tarde:
Viven como el ratón dentro del queso.   20

    Fábula XII. El charlatán
«Si cualquiera de ustedes
se da por las paredes
o arroja de un tejado,
y queda, a buen librar, descostillado,
yo me reiré muy bien: importa un pito,   5
como tenga mi bálsamo exquisito.»
Con esta relación un chacharero

gana mucha opinión y más dinero;
pues el vulgo pendiente de sus labios,
mas quiere a un charlatán que a veinte sabios.
10
Por esta conveniencia
los hay el día de hoy en toda ciencia,
que ocupan igualmente acreditados,
cátedras, academias y tablados
Prueba de esta verdad será un famoso   15
doctor en elocuencia, tan copioso
en charlatanería,
que ofreció enseñaría
a hablar discreto con facundo pico,
en diez años de término a un borrico.   20
Sábelo el Rey: lo llama, y al momento
le manda dé lecciones a un jumento;
pero bien entendido,
que sería, cumpliendo lo ofrecido,
ricamente premiado;   25
mas cuando no, que moriría ahorcado.
El doctor asegura nuevamente
sacar un orador asno elocuente.
Dícele callandito un cortesano:
«Escuche buen hermano;   30
su frescura me espanta:
a cáñamo me huele su garganta.—
No temáis, señor mío,
respondió el charlatán, pues yo me río.
¿En diez años de plazo que tenemos,   35
el rey, el asno o yo no moriremos?»
Nadie encuentra embarazo
en dar un largo plazo
a importantes negocios; mas no advierte,

que ajusta mal su cuenta sin la muerte. 40

Fábula XIII. El milano y las palomas
A las tristes palomas un milano,
sin poderlas pillar, seguía en vano;
mas él a todas horas
servía de lacayo a estas señoras.
Un día, en fin, hambriento e ingenioso, 5
así las dice: «¿Amáis vuestro reposo,
vuestra seguridad y conveniencia?
Pues creedme en mi conciencia:
En lugar de ser yo vuestro enemigo,
desde ahora me obligo, 10
si la banda por rey me aclama luego,
a tenerla en sosiego,
sin que de garra o pico tema agravio;
pues tocante a la paz seré un Octavio.»
Las sencillas palomas consintieron; 15
aclamando por Rey: Viva, dijeron,
Nuestro Rey el Milano.
Sin esperar a más, este tirano
sobre un vasallo mísero se planta;
déjalo con el viva en la garganta; 20
y continuando así sus tiranías,
acabó con el Reino en cuatro días.
Quien al poder se acoja de un malvado
será, en vez de feliz, un desdichado.

Fábula XIV. Las dos ranas
Tenían dos ranas
sus pastos vecinos,
una en un estanque,

otra en un camino.
Cierto día a ésta 5
aquélla le dijo:
«¡Es creíble, amiga,
de tu mucho juicio,
que vivas contenta
entre los peligros, 10
donde te amenazan,
al paso preciso,
los pies y las ruedas
riesgos infinitos!
Deja tal vivienda; 15
muda de destino;
sigue mi dictamen
y vente conmigo.»
En tono de mofa,
haciendo mil mimos, 20
respondió a su amiga:
«¡Excelente aviso!
¡A mí novedades!
Vaya, ¡qué delirio!
Eso sí que fuera 25
darme el diablo ruido.
¡Yo dejar la casa
que fue domicilio
de padres, abuelos,
y todos los míos, 30
sin que haya memoria
de haber sucedido
la menor desgracia
desde luengos siglos!—
Allá te compongas; 35
mas ten entendido,

que tal vez sucede
lo que no se ha visto.»
Llegó una carreta
a este tiempo mismo, 40
y a la triste rana
tortilla la hizo.
Por hombres de seso
muchos hay tenidos,
que a nuevas razones 45
cierran los oídos;
recibir consejos
es un desvarío.
La rancia costumbre
suele ser su Libro. 50

   Fábula XV. El parto de los montes
Con varios ademanes horrorosos
los montes de parir dieron señales:
Consintieron los hombres temerosos
ver nacer los abortos más fatales.
Después que con bramidos espantosos 5
infundieron pavor a los mortales,
estos montes, que al mundo estremecieron,
un ratoncillo fue lo que parieron.
Hay autores, que en voces misteriosas,
estilo fanfarrón y campanudo, 10
nos anuncian ideas portentosas;
pero suele a menudo
ser el gran parto de su pensamiento,

después de tanto ruido, solo viento.

Fábula XVI. Las ranas pidiendo Rey
Sin Rey vivía, libre, independente
el pueblo de las ranas felizmente.
La amable libertad sola reinaba
en la inmensa laguna que habitaba;
mas las ranas al fin un rey quisieron,   5
a Júpiter excelso lo pidieron;
conoce el dios la súplica importuna,
y arroja un Rey de palo a la laguna:
Debió de ser sin duda buen pedazo,
pues dio Su Majestad tan gran porrazo,   10
que el ruido atemoriza al Reino todo;
cada cual se zambulle en agua o lodo,
y quedan en silencio tan profundo
cual sino hubiese ranas en el mundo.
Una de ellas asoma la cabeza,   15
y viendo la real pieza,
publica que el Monarca es un zoquete.
Congrégase la turba, y por juguete
lo desprecian, lo ensucian con el cieno,
y piden otro Rey; que aquel no es bueno.   20
El padre de los dioses, irritado,
envía a un culebrón, que a diente airado
muerde, traga, castiga,
y a la misma grey al punto obliga
a recurrir al Dios humildemente.   25
«Padeced, les responde, eternamente;
que así castigo a aquel que no examina

si su solicitud será su ruina.»

Fábula XVII. El asno y el caballo
«¡Ah!, ¡quién fuese caballo!,
Un asno melancólico decía;
entonces sí que nadie me vería
flaco, triste y fatal como me hallo.
»Tal vez un caballero 5
me mantendría ocioso y bien comido,
dándose su merced por muy servido
con corvetas y saltos de carnero.
»Trátanme ahora como vil y bajo;
de risa sirve mi contraria suerte; 10
quien me apalea más, más se divierte;
y menos como cuando más trabajo.
»No es posible encontrar sobre la tierra
infeliz como yo.» Tal se juzgaba,
cuando al caballo ve cómo pasaba 15
con su jinete y armas a la guerra.
Entonces conoció su desatino,
riose de corvetas y regalos,
y dijo: «Que trabaje y lluevan palos,
no me saquen los dioses de pollino.» 20

Fábula XVIII. El cordero y el lobo
Uno de los corderos mamantones,
que para los glotones
se crían sin salir jamás al prado,
estando en la cabaña muy cerrado,
vio por una rendija de la puerta, 5
que el caballero lobo estaba alerta,
en silencio esperando astutamente

una calva ocasión de echarle el diente.
Mas él, que bien seguro se miraba,
así lo provocaba: 10
«Sepa usted, Seor Lobo, que estoy preso,
porque sabe el pastor que soy travieso;
mas si él no fuese bobo,
no habría ya en el mundo ningún lobo.
Pues yo corriendo libre por los cerros, 15
sin pastores, ni perros,
con sola mi pujanza, y valentía
contigo y con tu raza acabaría.—
Adiós, exclamó el lobo, mi esperanza
de regalar a mi vacía panza. 20
Cuando este miserable me provoca
es señal de que se halla de mi boca
tan libre como el cielo de ladrones.»
Así son los cobardes fanfarrones,
que se hacen en los puestos ventajosos 25
más valentones, cuanto más medrosos.

  Fábula XIX. Las cabras y los chivos
Desde antaño en el mundo
reina el vano deseo
de parecer iguales
a los grandes señores los plebeyos.
Las cabras alcanzaron 5
que Júpiter excelso
les diese barba larga
para su autoridad y su respeto.
Indignados los chivos
de que su privilegio 10
se extendiese a las cabras,

lampiñas con razón en aquel tiempo,
sucedió la discordia,
y los amargos celos
a la paz octaviana, 15
con que fue gobernado el barbón pueblo.
Júpiter dijo entonces,
acudiendo al remedio:
¿Qué importa que las cabras
disfruten un adorno propio vuestro, 20
si es mayor ignominia
de su vano deseo,
siempre que no igualaren
en fuerzas y valor a vuestro cuerpo?»
El mérito aparente 25
es digno de desprecio;
la virtud solamente
es del hombre el ornato verdadero.

    Fábula XX. El caballo y el ciervo
Perseguía un caballo vengativo
a un ciervo que le hizo leve ofensa;
mas hallaba segura la defensa
en su veloz carrera el fugitivo.
El vengador, perdida la esperanza 5
de alcanzarlo, y lograr así su intento,
al hombre le pidió su valimiento,
para tomar del ofensor venganza.
Consiente el hombre, y el caballo airado
sale con su jinete a la campaña; 10
corre con dirección, sigue con maña,
y queda al fin del ofensor vengado.
Muéstrase al bienhechor agradecido;

quiere marcharse libre de su peso;
mas desde entonces mismo quedó preso, 15
y eternamente al hombre sometido.
El caballo, que suelto y rozagante
en el frondoso bosque y prado ameno
su libertad gozaba tan de lleno,
padece sujeción desde ese instante. 20
Oprimido del yugo ara la tierra;
pasa tal vez la vida más amarga;
sufre la silla, freno, espuela, carga,
y aguanta los horrores de la guerra.
En fin, perdió la libertad amable 25
por vengar una ofensa solamente.
Tales los frutos son que ciertamente
produce la venganza detestable.

Libro III

Fábula I. La águila y el cuervo
A don Tomás de Iriarte
En mis versos, Iriarte,
ya no quiero más arte,
que poner a los tuyos por modelo.
A competir anhelo
con tu numen, que el sabio mundo admira, 5
si me prestas tu lira,
aquélla en que tocaron dulcemente
Música, y Poesía juntamente.
Esto no puede ser: ordena Apolo,
que, digno solo tú, la pulses solo. 10
¿Y por qué solo tú?, ¿pues cuando menos

no he de hacer versos fáciles, amenos,
sin ambicioso ornato?
¿Gastas otro poético aparato?
Si tú sobre el Parnaso te empinases,   15
y desde allí cantases:
Risco tramonto de épica altanera.
«GÓNGORA que te siga», te dijera;
pero si vas marchando por el llano,
cantándonos en verso castellano   20
cosas claras, sencillas, naturales,
y todas ellas tales,
que aun aquel que no entiende Poesía
dice: Eso yo también me lo diría,
¿por qué no he de imitarte, y aun acaso   25
antes que tú trepar por el Parnaso?
No imploras las Sirenas ni las Musas,
ni de númenes usas,
ni aun siquiera confías en Apolo.
A la naturaleza imploras solo.   30
Y ella, sabia, te dicta sus verdades.
Yo te imito: no invoco a las deidades;
y por mejor consejo,
sea mi sacro numen cierto viejo,
Esopo digo. Díctame, machucho,   35
una de tus patrañas, que te escucho.
Una águila rapante,
con vista perspicaz, rápido vuelo,
descendiendo veloz de junto al cielo,
arrebató un cordero en un instante.   40
Quiere un cuervo imitarla: de un carnero
en el vellón sus uñas hacen presa;
queda enredado entre la lana espesa,

como pájaro en liga prisionero.
Hacen de él los pastores vil juguete, 45
para castigo de su intento necio.
Bien merece la burla y el desprecio
el cuervo que a ser águila se mete.
El viejo me ha dictado esta patraña,
y astutamente así me desengaña. 50
Esa facilidad, esa destreza,
con que arrebató el águila su pieza,
fue la que engañó al cuervo, pues creía
que otro tanto a lo menos él haría.
Mas, ¿qué logró? Servirme de escarmiento, 55
¡Ojalá que sirviese a más de ciento,
poetas de mal gusto inficionados,
y dijesen, cual yo, desengañados:
El águila eres tú, divino Iriarte;
ya no pretendo más sino admirarte: 60
Sea tuyo el laurel, tuya la gloria,
y no sea yo el cuervo de la historia!

   Fábula II. Los animales con peste
En los montes, los valles y collados
de animales poblados,
se introdujo la peste de tal modo,
que en un momento lo inficiona todo.
Allí donde su Corte el león tenía 5
mirando cada día
las cacerías, luchas y carreras.
De mansos brutos y de bestias fieras,
se veían los campos ya cubiertos
de enfermos miserables y de muertos. 10
«Mis amados hermanos,

exclamó el triste Rey, mis cortesanos,
ya veis que el justo cielo nos obliga
a implorar su piedad, pues nos castiga
con tan horrenda plaga: 15
Tal vez se aplacará con que se le haga
sacrificio de aquel más delincuente,
y muera el pecador, no el inocente.
Confiese todo el mundo su pecado.
Yo, cruel, sanguinario, he devorado   20
inocentes corderos,
ya vacas, ya terneros,
y he sido, a fuerza de delito tanto,
de la selva terror, del bosque espanto.—
Señor, dijo la zorra, en todo eso   25
no se halla más exceso
que el de vuestra bondad, pues que se digna
de teñir en la sangre ruin, indigna
de los viles cornudos animales
los sacros dientes y las uñas reales.»   30
Trató la Corte al Rey de escrupuloso.
Allí del tigre, de la onza y oso
se oyeron confesiones
de robos y de muertes a millones;
mas entre la grandeza, sin lisonja,   35
pasaron por escrúpulos de monja.
El asno, sin embargo, muy confuso
prorrumpió: «Yo me acuso
que al pasar por un trigo este verano,
yo hambriento y él lozano,   40
sin guarda ni testigo,
caí en la tentación, comí del trigo.—
¡Del trigo!, ¡y un jumento!,

gritó la zorra, ¡horrible atrevimiento!»
Los cortesanos claman: «Éste, éste   45
irrita al cielo, que nos da la peste.»
Pronuncia el Rey de muerte la sentencia,
y ejecutola el lobo a su presencia.
Te juzgarán virtuoso,
si eres, aunque perverso, poderoso;   50
y aunque bueno, por malo detestable,
cuando te miran pobre, miserable.
Esto hallará en la Corte quien la vea,
y aun en el mundo todo. ¡Pobre Astrea!

    Fábula III. El milano enfermo
Un milano después de haber vivido
con la conciencia peor que un forajido,
enfermó gravemente.
Supuesto que el paciente
ni a Galeno ni a Hipócrates leía,   5
a bulto conoció que se moría.
A los Dioses desea ver propicios,
y ofrecerles entonces sacrificios
por medio de su madre, que, afligida,
rogaría sin duda por su vida.   10
Mas ésta le responde: «Desdichado,
¿cómo podré alcanzar para un malvado
de los dioses clemencia,
si en vez de darles culto y reverencia,
ni aún perdonaste a víctima sagrada   15
en las aras divinas inmolada?»
Así queremos, irritando al cielo,

que en la tribulación nos dé consuelo.

Fábula IV. El león envejecido

Al miserable estado
de una cercana muerte reducido
estaba ya postrado
un viejo león del tiempo consumido,
tanto más infeliz y lastimoso,   5
cuanto había vivido más dichoso.
Los que cuando valiente
humildes le rendían vasallaje,
al verlo decadente,
acuden a tratarlo con ultraje;   10
que como la experiencia nos enseña,
de árbol caído todos hacen leña.
Cebados a porfía,
lo sitiaban sangrientos y feroces.
El lobo le mordía,   15
tirábale el caballo fuertes coces,
luego le daba el toro una cornada,
después el jabalí su dentellada.
Sufrió constantemente
estos insultos; pero reparando   20
que hasta el asno insolente
iba a ultrajarle, falleció clamando:
«Esto es doble morir; no hay sufrimiento,
porque muero injuriado de un jumento.»
Si en su mudable vida   25
al hombre la fortuna ha derribado
con mísera caída
desde donde lo había ella encumbrado,
¿qué ventura en el mundo se promete,

si aún de los viles llega a ser juguete? 30

    Fábula V. La zorra y la gallina
Una zorra cazando,
de corral en corral iba saltando;
a favor de la noche en una aldea
oye al gallo cantar: maldito sea.
Agachada y sin ruido, 5
a merced del olfato y del oído,
marcha, llega, y oliendo a un agujero,
«éste es», dice, y se cuela al gallinero.
Las aves se alborotan, menos una,
que estaba en cesta como niño en cuna, 10
enferma gravemente.
Mirándola la zorra astutamente,
la pregunta: ¿qué es eso, pobrecita?,
¿cuál es tu enfermedad?, ¿tienes pepita?
Habla; ¿cómo lo pasas desdichada?» 15
La enferma le responde apresurada:
«Muy mal me va, señora, en este instante;
muy bien si usted se quita de delante.
Cuántas veces se vende un enemigo,
como gato por liebre, por amigo; 20
al oír su fingido cumplimiento,
respondiérale yo para escarmiento:
«Muy mal me va, señor, en este instante;
muy bien, si usted se quita de delante.»

    Fábula VI. La cierva y el león
Más ligera que el viento,
precipitada huía
una inocente cierva,

de un cazador seguida.
En una oscura gruta, 5
entre espesas encinas,
atropelladamente
entró la fugitiva.
Mas ¡ay!, que un león sañudo,
que allí mismo tenía 10
su albergue, y era susto
de la selva vecina,
cogiendo entre sus garras
a la res fugitiva,
dio con cruel fiereza 15
fin sangriento a su vida.
Si al evitar los riesgos
la razón no nos guía,
por huir de un tropiezo, 20
damos mortal caída.

    Fábula VII. El león enamorado
Amaba un león a una zagala hermosa;
pidiola por esposa
a su padre pastor urbanamente.
El hombre, temeroso, más prudente,
le respondió: «Señor, en mi conciencia, 5
que la muchacha logra conveniencia;
pero la pobrecita acostumbrada
a no salir del prado y la majada,
entre la mansa oveja y el cordero,
recelará tal vez que seas fiero. 10
No obstante, bien podemos, si consientes,
cortar tus uñas y limar tus dientes,
y así verá que tiene tu grandeza

cosas de majestad, no de fiereza.»
Consiente el manso león enamorado, 15
y el buen hombre lo deja desarmado;
da luego su silbido:
llegan el Matalobos y Atrevido,
perros de su cabaña; de esta suerte
al indefenso león dieron la muerte. 20
Un cuarto apostaré a que en este instante
dice, hablando del león, algún amante,
que de la misma muerte haría gala,
con tal que se la diese la zagala.
Deja, Fabio, al amor, déjalo luego; 25
mas hablo en vano, porque, siempre ciego,
no ves el desengaño,
y así te entregas a tu propio daño.

Fábula VIII. Congreso de los ratones
Desde el gran Zapirón, el blanco y rubio,
que después de las aguas del diluvio
fue Padre universal de todo gato,
ha sido Miauragato
quien más sangrientamente 5
persiguió a la infeliz ratona gente.
Lo cierto es que, obligada
de su persecución la desdichada,
en Ratópolis tuvo su Congreso.
Propuso el elocuente Roequeso 10
echarle un cascabel, y de esa suerte
al ruido escaparían de la muerte.
El proyecto aprobaron uno a uno,
¿quién lo ha de ejecutar?, eso ninguno.
«Yo soy corto de vista. —Yo muy viejo.— 15

Yo gotoso», decían. El Concejo
se acabó como muchos en el mundo.
Proponen un proyecto sin segundo:
lo aprueban: hacen otro. ¡Qué portento!,
pero ¿la ejecución? Ahí está el cuento.　　20

 Fábula IX. El lobo y la oveja
Cruzando montes y trepando cerros,
aquí mato, allí robo,
andaba cierto lobo,
hasta que dio en las manos de los perros.
Mordido y arrastrado　　　　　　　　5
fue de sus enemigos cruelmente;
quedó con vida milagrosamente,
mas inválido al fin y derrotado.
Iba el tiempo curando su dolencia;
el hambre al mismo paso le afligía;　　10
pero, como cazar aún no podía,
con las yerbas hacía penitencia.
Una oveja pasaba, y él la dice:
«Amiga, ven acá, llega al momento;
enfermo estoy y muero de sediento:　　15
Socorre con el agua a este infelice.—
»¿Agua quieres que yo vaya a llevarte?
Le responde la oveja recelosa;
dime pues una cosa:
¿Sin duda que será para enjuagarte,　　20
»limpiar bien el garguero,
abrir el apetito,
y tragarme después como a un pollito?
Anda, que te conozco, marrullero.»
Así dijo, y se fue; si no, la mata.　　　25

¡Cuánto importa saber con quien se trata!

Fábula X. El hombre y la pulga
«Oye, Júpiter Sumo, mis querellas,
y haz, disparando rayos y centellas,
que muera este animal vil y tirano,
plaga fatal para el linaje humano;
y si vos no lo hacéis, Hércules sea   5
quien acabe con él y su ralea.»
Éste es un hombre que a los dioses clama,
porque una pulga le picó en la cama;
y es justo, ya que el pobre se fatiga,
que de Júpiter y Hércules consiga,   10
de éste, que viva despulgando sayos;
de aquél, matando pulgas con sus rayos.
Tenemos en el cielo los mortales
recurso en las desdichas y los males;
mas se suele abusar frecuentemente   15
por lograr un antojo impertinente.

Fábula XI. El cuervo y la serpiente
Pilló el cuervo dormida a la serpiente,
y al quererse cebar en ella hambriento,
le mordió venenosa. Sepa el cuento
quien sigue a su apetito incautamente.

Fábula XII. El asno y las ranas
Muy cargado de leña un burro viejo,
triste armazón de huesos y pellejo,
pensativo, según lo cabizbajo,
caminaba llevando con trabajo
su débil fuerza la pesada carga.   5

El paso tardo, la carrera larga;
todo, al fin, contra el mísero se empeña,
el camino, los años y la leña.
Entra en una laguna el desdichado,
queda profundamente empantanado.　　　10
Viéndose de aquel modo,
cubierto de agua y lodo,
trocando lo sufrido en impaciente,
contra el destino dijo neciamente
expresiones ajenas de sus canas;　　　15
mas las vecinas ranas
al oír sus lamentos y quejidos,
las unas se tapaban los oídos,
las otras, que prudentes lo escuchaban,
reprendíanle así y aconsejaban:　　　20
«Aprenda el mal jumento
a tener sufrimiento;
que entre las que habitamos la laguna
ha de encontrar lección muy oportuna.
Por Júpiter estamos condenadas　　　25
a vivir sin remedio encenagadas
en agua detenida, lodo espeso,
y a más de todo eso
aquí perpetuamente nos encierra,
sin esperanza de correr la tierra,　　　30
cruzar el anchuroso mar profundo,
ni aún saber lo que pasa por el mundo.
Mas llevamos a bien nuestro destino;
y así nos premia Júpiter divino,
repartiendo entre todas cada día　　　35
la salud, el sustento y alegría.»
Es de suma importancia

tener en los trabajos tolerancia;
pues la impaciencia en la contraria suerte
es un mal más amargo que la muerte.

    Fábula XIII. El asno y el perro
Un perro y un borrico caminaban,
sirviendo a un mismo dueño;
rendido éste del sueño,
se tendió sobre el prado que pasaban.
El borrico entretanto aprovechado   5
descansa y pace; mas el perro, hambriento,
«bájate, le decía, buen jumento;
pillaré de la alforja algún bocado.»
El asno se le aparta como en chanza;
el perro sigue al lado del borrico,   10
levantando las manos y el hocico
como perro de ciego cuando danza.
«No seas bobo, el asno le decía;
espera a que nuestro amo se despierte,
y será de esa suerte   15
el hambre más, mejor la compañía.»
Desde el bosque entretanto sale un lobo:
pide el asno favor al compañero;
en lugar de ladrar, el marrullero
con fisga respondió: «no seas bobo,   20
espera a que nuestro amo se despierte,
que pues me aconsejaste la paciencia,
yo la sabré tener en mi conciencia,
al ver al lobo que te da la muerte.»
El pollino murió, no hay que dudarlo;   25
mas si resucitara,
corriendo el mundo a todos predicara:

Prestad auxilio, si queréis hallarlo.

Fábula XIV. El león y el asno cazando
Su Majestad Leonesa en compañía
de un borrico se sale a montería.
En la parte al intento acomodada,
formando el mismo león una enramada,
mandó al asno, que en ella se ocultase,   5
y que de tiempo en tiempo rebuznase,
como trompa de caza en el ojeo.
Logró el Rey su deseo,
pues apenas se vio bien apostado,
cuando al son del rebuzno destemplado,   10
que los montes y valles repetían,
a su selvoso albergue se volvían
precipitadamente
las fieras enemigas juntamente,
y en su cobarde huida,   15
en las garras del león pierden la vida.
Cuando el asno se halló con los despojos
de devoradas fieras a sus ojos,
dijo: «¡Pardiez!, si llego más temprano,
a ningún muerto dejo hueso sano.»   20
A tal fanfarronada
soltó el Rey una grande carcajada;
y es que jamás convino
hacer del andaluz al vizcaíno.

Fábula XV. El charlatán y el rústico
«Lo que jamás se ha visto ni se ha oído,
verán ustedes; atención les pido.»
Así decía un charlatán famoso,

cercado de un concurso numeroso.
En efecto, quedando todo el mundo 5
en silencio profundo,
remedó a un cochinillo de tal modo,
que el auditorio todo
creyendo que lo tiene y que lo tapa,
atumultuado grita: Fuera capa. 10
Descubriose, y al ver que nada había,
con vítores lo aclaman a porfía.
«Pardiez, dijo un patán, que yo prometo
para mañana, hablando con respeto,
hacer el puerco más perfectamente; 15
si no, que me lo claven en la frente.»
Con risa prometió la concurrencia
a burlarse del payo su asistencia;
llegó la hora, todos acudieron:
No bien al charlatán gruñir oyeron, 20
gentes a su favor preocupadas,
Viva, dicen, al son de las palmadas.
Sube después el rústico al tablado
con un bulto en la capa, y embozado
imita al charlatán en la postura 25
de fingir que un lechón tapar procura;
mas estaba la gracia en que era el bulto
un marranillo que tenía oculto.
Tírale callandito de la oreja:
Gruñendo en tiple el animal se queja; 30
pero al creer que es remedo el tal gruñido,
aquí se oía un fuera, allí un silbido,
y todo el mundo queda
en que es el otro quien mejor remeda.
El rústico descubre su marrano, 35

al público lo enseña, y dice ufano:
«¿Así juzgan ustedes?»
¡Oh preocupación, y cuánto puedes!

Libro IV

     Fábula I. La mona corrida
El autor a sus versos
Fieras, aves y peces
corren, vuelan y nadan,
porque Júpiter Sumo
a general congreso a todos llama.   5
Con sus hijos se acercan,
y es que un premio señala
para aquel cuya prole
en hermosura lleve la ventaja.
El alto regio trono
la multitud cercaba,   10
cuando en la concurrencia
se sentía decir: la mona falta.—
Ya llega, dijo entonces
una habladora urraca,
que, como centinela,   15
en la alta punta de un ciprés estaba.
Entra rompiendo filas,
con su cachorro ufana,
y ante el excelso trono
el premio pide de hermosura tanta.   20
El dios Júpiter quiso,
al ver tan fea traza,
disimular la risa,

pero se le soltó la carcajada.
Armose en el concurso 25
tal bulla y algazara,
que corrida la mona,
a Tetuán se volvió desengañada.
¿Es creíble, señores,
que yo mismo pensara 30
en consagrar a Apolo
mis versos, como dignos de su gracia?
Cuando, por mi fortuna,
me encontré esta mañana,
continuando mi obrilla, 35
este cuento moral, esta patraña,
yo dije a mi capote:
¡Con qué chiste, qué gracia
y qué vivos colores
el jorobado Esopo me retrata! 40
Mas ya mis producciones
miro con desconfianza,
porque aprendo en la mona
cuanto el ciego amor propio nos engaña.

Fábula II. El asno y Júpiter
«No sé cómo hay jumento
que, teniendo un adarme de talento,
quiera meterse a burro de hortelano.
Llevo a la plaza desde muy temprano
cada día cien cargas de verdura, 5
vuelvo con otras tantas de basura,
y para minorar mi pesadumbre,
un criado me azota por costumbre.
Mi vida es ésta; ¿qué sera mi muerte,

como no mude Júpiter mi suerte? 10
Un asno de este modo se quejaba.
El dios, que sus lamentos escuchaba,
al dominio lo entrega de un tejero.
«Esta vida, decía, no la quiero:
Del peso de las tejas oprimido, 15
bien azotado, pero mal comido,
a Júpiter me voy con el empeño
de lograr nuevo dueño.»
Enviolo a un curtidor; entonces dice:
«Aun con este amo soy más infelice. 20
Cargado de pellejos de difunto
me hace correr sin sosegar un punto,
para matarme sin llegar a viejo,
y curtir al instante mi pellejo.»
Júpiter, por no oír tan largas quejas, 25
se tapó lindamente las orejas,
y a nadie escucha desde el tal pollino,
si le habla de mudanza de destino.
Solo en verso se encuentran los dichosos,
que viven ni envidiados ni envidiosos. 30
La espada por feliz tiene al arado,
como el remo a la pluma y al cayado;
mas se tienen por míseros en suma
remo, espada, cayado, esteva y pluma.
Pues, ¿a qué estado el hombre llama bueno? 35
Al propio nunca; pero sí al ajeno.

    Fábula III. El cazador y la perdiz
Una perdiz en celo reclamada
vino a ser en la red aprisionada.
Al cazador la mísera decía:

«Si me das libertad, en este día
te he de proporcionar un gran consuelo.   5
Por ese campo extenderé mi vuelo;
juntaré a mis amigas en bandada,
que guiaré a tus redes, engañada,
y tendrás, sin costarte dos ochavos,
doce perdices como doce pavos.—   10
¡Engañar y vender a tus amigas!
¿Y así crees que me obligas?
Respondió el cazador; pues no, señora;
muere, y paga la pena de traidora.»
La perdiz fue bien muerta; no es dudable. 15
La traición, aun soñada, es detestable.

    Fábula IV. El viejo y la muerte
Entre montes, por áspero camino,
tropezando con una y otra peña,
iba un viejo cargado con su leña
maldiciendo su mísero destino.
Al fin cayó, y viéndose de suerte   5
que apenas levantarse ya podía,
llamaba con colérica porfía
una, dos y tres veces a la muerte.
Armada de guadaña, en esqueleto
La Parca se le ofrece en aquel punto;   10
pero el viejo, temiendo ser difunto,
lleno más de terror que de respeto,
trémulo la decía y balbuciente:
«Yo... señora... os llamé desesperado;
pero... —Acaba; ¿qué quieres, desdichado?   15
—Que me carguéis la leña solamente.»
Tenga paciencia quien se cree infelice;

que aun en la situación más lamentable
es la vida del hombre siempre amable:
El viejo de la leña nos lo dice.   20

    Fábula V. El enfermo y el médico
Un miserable enfermo se moría,
y el médico importuno le decía:
«Usted se muere; yo se lo confieso;
pero por la alta ciencia que profeso,
conozco, y le aseguro firmemente,   5
que ya estuviera sano,
si se hubiese acudido más temprano
con el benigno clister detergente.»
El triste enfermo, que lo estaba oyendo,
volvió la espalda al médico, diciendo: 10
«Señor Galeno, su consejo alabo.
Al asno muerto la cebada al rabo.»
Todo varón prudente
aconseja en el tiempo conveniente
que es hacer de la ciencia vano alarde   15
dar el consejo cuando llega tarde.

    Fábula VI. La zorra y las uvas
Es voz común que a más del medio día,
en ayunas la zorra iba cazando:
Halla una parra; quédase mirando
de la alta vid el fruto que pendía.
Causábale mil ansias y congojas   5
no alcanzar a las uvas con la garra,
al mostrar a sus dientes la alta parra
negros racimos entre verdes hojas.
Miró, saltó y anduvo en probaduras;

pero vio el imposible ya de fijo. 10
Entonces fue cuando la zorra dijo:
«No las quiero comer, no están maduras.»
No por eso te muestres impaciente,
si se te frustra, Fabio, algún intento.
Aplica bien el cuento, 15
y di: No están maduras, frescamente.

    Fábula VII. La cierva y la viña
Huyendo de enemigos cazadores
una cierva ligera,
siente ya fatigada en la carrera
más cercanos los perros y ojeadores.
No viendo la infeliz algún seguro 5
y vecino paraje
de gruta o de ramaje,
crece su timidez, crece su apuro.
Al fin, sacando fuerzas de flaqueza,
continúa la fuga presurosa: 10
Halla al paso una viña muy frondosa,
y en lo espeso se oculta con presteza.
Cambia el susto y pesar en alegría,
viéndose a paz y a salvo en tan buen hora.
Olvida el bien, y de su defensora 15
los frescos verdes pámpanos comía.
Mas ¡ay!, que de esta suerte
quitando ella las hojas de delante,
abrió puerta a la flecha penetrante,
y el listo cazador le dio la muerte. 20
Castigó con la pena merecida
el justo cielo a la cierva ingrata.
Mas, ¿qué puede esperar el que maltrata

al mismo que le está dando la vida?

Fábula VIII. El asno cargado de reliquias
De reliquias cargado
un asno recibía adoraciones,
como si a él se hubiesen consagrado
reverencias, inciensos y oraciones.
En lo vano, lo grave y lo severo   5
que se manifestaba,
hubo quien conoció que se engañaba,
y le dijo: «Yo infiero
»de vuestra vanidad vuestra locura;
el reverente culto que procura   10
tributar cada cual este momento,
no es dirigido a vos, señor jumento,
que solo va en honor, aunque lo sientas,
de la sagrada carga que sustentas.»
Cuando un hombre sin mérito estuviere   15
en elevado empleo o gran riqueza,
y se ensoberbeciere,
porque todos le bajan la cabeza;
para que su locura no prosiga,
tema encontrar tal vez con quien le diga: 20
«Señor jumento, no se engría tanto;
que si besan la peana, es por el Santo.»

Fábula IX. Los dos machos
Dos machos caminaban: el primero,
cargado de dinero,
mostrando su penacho envanecido,
iba marchando erguido
al son de los redondos cascabeles.   5

El segundo, desnudo de oropeles,
con un pobre aparejo solamente,
alargando el pescuezo eternamente,
seguía de reata su jornada,
cargado de costales de cebada. 10
Salen unos ladrones, y al instante
asieron de la rienda al arrogante;
él se defiende, ellos le maltratan,
y después que el dinero le arrebatan,
huyen, y dice entonces el segundo: 15
Si a estos riesgos exponen en el mundo
las riquezas, no quiero, a fe de macho,
dinero, cascabeles ni penacho.

    Fábula X. El cazador y el perro
Mustafá, perro viejo,
lebrel en montería ejercitado,
y de antiguas heridas señalado
a colmillo y a cuerno su pellejo,
seguía a un jabalí sin esperanza 5
de poderlo alcanzar; pero, no obstante
aguzándolo su amo a cada instante,
a duras penas Mustafá lo alcanza.
El cerdoso valiente
no escuchaba recados a la oreja; 10
y así su resistencia no le deja
cebar al perro su cansado diente;
con airado colmillo lo rechaza,
y bufando se marcha victorioso.
El cazador, furioso, 15
reniega del lebrel y de su raza.
«Viejo estoy, le responde, ya lo veo:

Mas di: ¿sin Mustafá cuando tuvieras
las pieles y cabezas de las fieras
en tu casa, de abrigo y de trofeo?   20
»Miras a lo que soy, no a lo que he sido.
¡Oh, suerte desgraciada!
Presente tienes mi vejez cansada,
y mis robustos años en olvido.
»Mas, ¿para qué me mato,   25
si no he de conseguir cosa ninguna?»
Es ladrar a la Luna
el alegar servicios al ingrato.

   Fábula XI. La tortuga y la águila
Una tortuga a una águila rogaba
la enseñase a volar; así la hablaba:
«Con solo que me des cuatro lecciones
ligera volaré por las regiones;
ya remontando el vuelo   5
por medio de los aires hasta el cielo,
veré cercano al Sol y las estrellas,
y otras cien cosas bellas;
ya rápida bajando,
de ciudad en ciudad iré pasando;   10
y de este fácil delicioso modo
lograré en pocos días verlo todo.»
La águila se rió del desatino;
la aconseja que siga su destino,
cazando torpemente con paciencia,   15
pues lo dispuso así la Providencia.
Ella insiste en su antojo ciegamente.
La Reina de las aves prontamente
la arrebata, la lleva por las nubes.

«Mira, la dice, mira cómo subes.» 20
Y al preguntarla, digo, ¿vas contenta?,
se la deja caer y se revienta.
Para que así escarmiente
quien desprecia el consejo del prudente.

   Fábula XII. El león y el ratón
Estaba un ratoncillo aprisionado
en las garras de un león; el desdichado
en la tal ratonera no fue preso
por ladrón de tocino ni de queso,
sino porque con otros molestaba 5
al león, que en su retiro descansaba.
Pide perdón, llorando su insolencia;
al oír implorar la Real clemencia,
responde el Rey en majestuoso tono:
No dijera más Tito: «Te perdono.» 10
Poco después cazando el león tropieza
en una red oculta en la maleza:
Quiere salir, mas queda prisionero;
atronando la selva ruge fiero.
El libre ratoncillo, que lo siente, 15
corriendo llega, roe diligente
los nudos de la red de tal manera,
que al fin rompió los grillos de la fiera.
Conviene al poderoso
para los infelices ser piadoso; 20
tal vez se puede ver necesitado
del auxilio de aquel más desdichado.

   Fábula XIII. Las liebres y las ranas
Asustadas las liebres de un estruendo

echaron a correr todas, diciendo:
«A quien la vida cuesta tanto susto,
la muerte causará menos disgusto.»
Llegan a una laguna, de esta suerte, 5
a dar en lo profundo con la muerte.
Al ver a tanta rana que, asustada,
a las aguas se arroja a su llegada,
«Hola, dijo una liebre, ¿conque, hay otras
tan tímidas, que aún tiemblan de nosotras? 10
Pues suframos como ellas el destino.»
Conocieron sin más su desatino.
Así la suerte adversa es tolerable,
comparada con otra miserable.

    Fábula XIV. El gallo y el zorro
Un gallo muy maduro,
de edad provecta, duros espolones,
pacífico y seguro,
sobre un árbol oía las razones
de un zorro muy cortés y muy atento, 5
más elocuente cuanto más hambriento.
«Hermano, le decía,
ya cesó entre nosotros una guerra,
que cruel repartía
sangre y plumas al viento y a la tierra: 10
baja; daré, para perpetuo sello,
mis amorosos brazos a tu cuello.—
«Amigo de mi alma,
responde el gallo, ¡qué placer inmenso,
en deliciosa calma, 15
deja esta vez mi espíritu suspenso!
Allá bajo, allá voy tierno y ansioso

a gozar en tu seno mi reposo.
»Pero aguarda un instante,
porque vienen, ligeros como el viento,   20
y ya están adelante,
dos correos que llegan al momento,
de esta noticia portadores fieles,
y son, según la traza, dos lebreles.—
»Adiós, adiós, amigo,   25
dijo el zorro, que estoy muy ocupado;
luego hablaré contigo,
para finalizar este tratado.»
El gallo se quedó lleno de gloria,
cantando en esta letra su victoria: 30
Siempre trabaja en su daño
el astuto engañador;
a un engaño hay otro engaño,
a un pícaro otro mayor.

    Fábula XV. El león y la cabra
Un señor león andaba, como un perro,
del valle al monte, de la selva al cerro,
a caza, sin hallar pelo ni lana,
perdiendo la paciencia y la mañana.
Por un risco escarpado   5
ve trepar a una cabra a lo encumbrado,
de modo que parece que se empeña
en hacer creer al león que se despeña.
El pretender seguirla fuera en vano;
el cazador entonces cortesano   10
la dice: «Baja, baja, mi querida;
no busques precipicios a tu vida:
En el valle frondoso,

pacerás a mi lado con reposo.
¿Desde cuando, señor, la real persona   15
cuida con tanto amor de la barbona?
Esos halagos tiernos
no son por bien, apostaré los cuernos.»
Así le respondió la astuta cabra;
y el león se fue sin replicar palabra.   20
Lo paga la infeliz con el pellejo,
si toma sin examen el consejo.

Fábula XVI. La hacha y el mango

Un hombre que en el bosque se miraba
con una hacha sin mango, suplicaba
a los árboles diesen la madera,
que más solida fuera
para hacerle uno fuerte y muy durable.   5
Al punto la arboleda innumerable
le cedió el acebuche; y él, contento,
perfeccionando luego su instrumento,
de rama en rama va cortando a gusto
del alto roble el brazo más robusto.   10
Ya los árboles todos recorría;
y mientras los mejores elegía,
dijo la triste encina al fresno: Amigo,
infeliz del que ayuda a su enemigo.

Fábula XVII. La onza y los pastores

En una trampa una onza inadvertida
dio mísera caída.
Al verla sin defensa,
corrieron a la ofensa
los vecinos pastores,   5

no valerosos, pero sí traidores.
Cada cual por su lado
la maltrataba airado,
hasta dejar sus fuerzas desmayadas,
unos a palos, otros a pedradas. 10
Al fin la abandonaron por perdida;
pero viéndola dar muestras de vida
cierto pastor, dolido de su suerte,
por evitar su muerte,
le arrojó la mitad de su alimento, 15
con que pudiese recobrar aliento.
Llega la noche, témplase la saña;
marchan a descansar a la cabaña
todos con esperanza muy fundada
de hallarla muerta por la madrugada; 20
mas la fiera entre tanto,
volviendo poco a poco del quebranto,
toma nuevo valor y fuerza nueva;
salta, deja la trampa, va a su cueva,
y al sentirse del todo reforzada, 25
sale, si, muy ligera, más airada.
Ya destruye ganados,
ya deja a los pastores destrozados:
nada aplaca su cólera violenta;
todo lo tala, en todo se ensangrienta. 30
El buen pastor, por quien tal vez vivía,
lleno de horror, la vida le pedía.
«No serás maltratado,
dijo la onza, vive descuidado;
que yo solo persigo a los traidores 35
que me ofendieron, no a mis bienhechores.»
Quien hace agravios, tema la venganza;

quien hace bien, al fin el premio alcanza.

    Fábula XVIII. El grajo vano
Con las plumas de un pavo
un grajo se vistió; pomposo y bravo
en medio de los pavos se pasea:
La manada lo advierte, lo rodea;
todos le pican, burlan y lo envían.   5
¿Dónde, si ni los grajos lo querían?
¿Cuánto ha que repetimos este cuento,
sin que haya en los plagiarios escarmiento?

Fábula XIX. El hombre y la comadreja
    Así decía cierta comadreja
a un hombre que la había aprisionado:
«¿Por qué no me dejáis?, ¿os he yo dado
motivo de disgusto, ni de queja?
»¿No soy la que desvanes y rincones,   5
tu casa toda, cual si fuese mía,
cuidadosa registro noche y día,
para que vivas libre de ratones?—
»¡Gran fineza por cierto!
El hombre respondió: pues di, ladrona,   10
si tu glotonería no perdona
ni a ratón vivo ni a cochino muerto,
»ni a cuanto guardan ruines despenseras,
¿cómo he de creer que tu cuidado apura
por mi bien los ratones?, ¡qué locura!   15
No tendría yo malas tragaderas.
»Morirás»; y el astuto que pretenda
vender como fineza lo que ha hecho
sin mirar a más fin que a su provecho,

sabrá que hay en el mundo quien lo entienda. 20

Fábula XX. Batalla de las comadrejas y los ratones
    Vencidos los ratones
huían con presteza
de una atroz enemiga
tropa de comadrejas:
Marchaban con desorden;   5
que cuando el miedo reina,
es la confusión sola
el jefe que gobierna.
Llegaron presurosos
a sus angostas cuevas,   10
logrando los soldados
entrar a duras penas;
pero los capitanes,
que en las estrechas puertas
quedaron atascados   15
sin ninguna defensa,
a causa de unos cuernos
puestos en las cabezas,
para ser de sus tropas
vistos en la refriega,   20
fueron las desdichadas
víctimas de la guerra;
haciendo de sus cuerpos
pasto las comadrejas.
¡Cuantas veces los hombres   25
distinciones anhelan,
y suelen ser la causa
de sus desdichas ellas!
Si Júpiter dispara

sus rayos a la tierra, 30
antes que a las cabañas,
a los palacios y a las torres llegan.

   Fábula XXI. El león y la rana
Una lóbrega noche silenciosa
iba un león horroroso
con mesurado paso majestuoso
por una selva: oyó una voz ruidosa,
que con tono molesto y continuado 5
llamaba la atención y aun el cuidado
del reinante animal, que no sabía
de qué bestia feroz quizá saldría
aquella voz, que tanto más sonaba,
cuanto más en silencio todo estaba. 10
Su Majestad Leonesa
la selva toda registrar procura;
mas nada encuentra con la noche oscura,
hasta que pudo ver, ¡oh, qué sorpresa!,
que sale de un estanque a la mañana 15
la tal bestia feroz, y era una rana.
Llamará la atención de mucha gente
el charlatán con su manía loca;
Mas, ¿qué logra, si al fin verá el prudente
que no es sino una rana, todo boca? 20

   Fábula XXII. El ciervo y los bueyes
Con inminente riesgo de la vida
un ciervo se escapó de la batida,
y en la quinta cercana de repente
se metió en el establo incautamente.
Dícele un buey: «¿Ignoras, desdichado, 5
que aquí viven los hombres? ¡Ah cuitado!

Detente, y hallarás tanto reposo,
como perdiz en boca de raposo.»
El ciervo respondió: «Pero, no obstante,
dejadme descansar algún instante, 10
y en la ocasión primera
al bosque espeso emprendo mi carrera.»
Oculto en el ramaje permanece.
A la noche el boyero se aparece,
al ganado reparte el alimento, 15
nada divisa, sálese al momento.
El mayoral y los criados entran,
y tampoco lo encuentran.
Libre de aquel apuro,
el ciervo se contaba por seguro; 20
pero el buey, más anciano,
le dice: ¿Qué?, ¿te alegras tan temprano?
Si el amo llega lo perdiste todo;
yo le llamo Cien—ojos por apodo;
mas chitón, que ya viene.» 25
Entra Cien—ojos, todo lo previene;
a los rústicos dice: «No hay consuelo;
las colleras tiradas por el suelo,
limpió el pesebre, pero muy de paso;
el ramaje muy seco y más escaso: 30
Seor mayoral, ¿es éste buen gobierno?»
En esto mira al enramado cuerno
del triste ciervo; grita; acuden todos
contra el pobre animal de varios modos,
y a la rústica usanza 35
se celebró la fiesta de matanza.
Esto quiere decir que el amo bueno

no se debe fiar del ojo ajeno.

    Fábula XXIII. Los navegantes
Lloraban unos tristes pasajeros
viendo su pobre nave combatida
de recias olas y de vientos fieros,
ya casi sumergida;
cuando súbitamente 5
el viento calma, el cielo se serena,
y la afligida gente
convierte en risa la pasada pena;
Mas el piloto estuvo muy sereno
tanto en la tempestad como en bonanza; 10
pues sabe que lo malo y que lo bueno
está sujeto a súbita mudanza..

    Fábula XXIV. El torrente y el río
Despeñado un torrente
de un encumbrado cerro,
caía en una peña,
y atronaba el recinto con su estruendo.
Seguido de ladrones 5
un triste pasajero,
despreciando el ruido,
atravesó el raudal sin desaliento;
que es común en los hombres
poseídos del miedo, 10
para salvar la vida,
exponerla tal vez a mayor riesgo.
Llegaron los bandidos,
practicaron lo mismo
que antes el caminante, 15

y fueron en su alcance y seguimiento.
Encontró el miserable
de allí a muy poco trecho
un río caudaloso,
que corría apacible y con silencio.　　　20
Con tan buenas señales,
y el próspero suceso
del raudal bullicioso,
determinó vadearle sin recelo;
mas apenas dio un paso,　　　25
pagó su desacuerdo,
quedando sepultado
en las aleves aguas sin remedio.
Temamos los peligros
de designios secretos;　　　30
que el ruidoso aparato,
si no se desvanece, anuncia el riesgo.

Fábula XXV. El león, el lobo y la zorra
Trémulo y achacoso
a fuerza de años un león estaba;
hizo venir los médicos, ansioso
de ver si alguno de ellos lo curaba.
De todas las especies y regiones　　　5
profesores llegaban a millones.
Todos conocen incurable el daño;
ninguno al Rey propone el desengaño;
cada cual sus remedios le procura,
como si la vejez tuviese cura.　　　10
Un lobo cortesano
con tono adulador y fin torcido,
dijo a su Soberano:

«He notado, señor, que no ha asistido
la zorra como médico al congreso,   15
y pudiera esperarse buen suceso
de su dictamen en tan grave asunto.»
Quiso su Majestad que luego al punto
por la posta viniese:
Llega, sube a palacio, y como viese   20
al lobo su enemigo; ya instruida
de que él era el autor de su venida,
que ella excusaba cautelosamente,
inclinándose al Rey profundamente,
dijo: quizá, Señor, no habrá faltado   25
quien haya mi tardanza acriminado;
mas será porque ignora
que vengo de cumplir un voto ahora,
que por vuestra salud tenía hecho;
y para más provecho,   30
en mi viaje traté gentes de ciencia
sobre vuestra dolencia.
Convienen pues los grandes profesores
en que no tenéis vicio en los humores,
y que solo los años han dejado   35
el calor natural algo apagado;
Pero éste se recobra y vivifica,
sin fastidio, sin drogas de botica,
con un remedio simple, liso y llano,
que vuestra Majestad tiene en la mano.   40
A un lobo vivo arránquenle el pellejo,
haced que os lo apliquen al instante;
y por más que estéis débil, flaco, viejo,
os sentiréis robusto y rozagante,
con apetito tal, que sin esfuerzo,   45

el mismo lobo os servirá de almuerzo.
Convino el Rey, y entre el furor y el hierro
murió el infeliz lobo como un perro.
Así viven y mueren cada día
en su guerra interior los palaciegos,   50
que con la emulación rabiosa ciegos
al degüello se tiran a porfía.
Tomen esta lección muy oportuna:
Lleguen a la privanza enhorabuena;
mas labren su fortuna,   55
sin cimentarla en la desgracia ajena.
Libro V

   Fábula I. Los ratones y el gato
Marramaquiz, gran gato,
de nariz roma, pero largo olfato,
se metió en una casa de ratones.
En uno de sus lóbregos rincones
puso su alojamiento.   5
Por delante de sí de ciento en ciento
les dejaba por gusto libre el paso,
como hace el bebedor, que mira al vaso;
y ensanchando así más sus tragaderas,
al fin los elegía como peras.   10
Éste fue su ejercicio cotidiano;
pero tarde o temprano,
al fin ya los ratones conocían
que por instantes se disminuían.
Don Roepan, cacique el más prudente   15
de la ratona gente,
con los suyos formó pleno consejo,
y dijo así con natural despejo:

«Supuesto, hermanos, que el sangriento bruto,
que metidos nos tiene en llanto y luto,   20
habita el cuarto bajo,
sin que pueda subir ni aun con trabajo
hasta nuestra vivienda es evidente
que se atajará el daño solamente
con no bajar allá de modo alguno.»   25
El medio pareció muy oportuno;
y fue tan observado,
que ya Marramaquiz el muy taimado,
metido por el hambre en calzas prietas,
discurrió entre mil tretas   30
la de colgarse por los pies de un palo
haciendo el muerto: no era el ardid malo;
pero don Roepan, luego que advierte
que su enemigo estaba de tal suerte,
asomando el hocico a su agujero,   35
«Hola, dice, ¿qué es eso, caballero?
¿Estás muerto de burlas o de veras?
Si es yo que yo recelo en vano esperas;
pues no nos contaremos ya seguros
aun sabiendo de cierto,   40
que eras, a más a más de gato muerto,
gato relleno ya de pesos duros.»
Si alguno llega con astuta maña,
y una vez nos engaña,
es cosa muy sabida   45
que puede algunas veces
el huir de sus trazas y dobleces

valernos nada menos que la vida.

Fábula II. El asno y el lobo

Un burro cojo vio que le seguía
un lobo cazador, y no pudiendo
huir de su enemigo, le decía:
«Amigo lobo, yo me estoy muriendo;
»me acaban por instantes los dolores   5
de este maldito pie de que cojeo.
Si yo no me valiese de herradores,
no me vería así como me veo.
»Y pues fallezco, sé caritativo;
sácame con los dientes este clavo,   10
muera yo sin dolor tan excesivo,
y cómeme después de cabo a rabo.—
»¡Oh!, dijo el cazador con ironía,
contando con la presa ya en la mano,
no solamente sé la anatomía,   15
sino que soy perfecto cirujano.
»El caso es para mí una patarata,
la operación no más que de un momento;
alargue bien la pata,
y no se me acobarde, buen jumento.»   20
Con su estuche molar desenvainado
el nuevo profesor llega al doliente;
mas éste le dispara de contado
una coz que lo deja sin un diente.
Escapa el cojo; pero el triste herido   25
llorando se quedó su desventura.
«¡Ay infeliz de mí!, bien merecido
el pago tengo de mi gran locura.
»Yo siempre me llevé el mejor bocado

en mi oficio de lobo carnicero; 30
pues si pude vivir tan regalado,
¿a qué meterme ahora a curandero?»
Hablemos en razón: no tiene juicio
quien deja el propio por ajeno oficio.

   Fábula III. El asno y el caballo
Iban, mas no sé adonde ciertamente,
un caballo y un asno juntamente;
este cargado, pero aquel sin carga.
El grave peso, la carrera larga
causaron al borrico tal fatiga, 5
que la necesidad misma le obliga
a dar en tierra. «Amigo compañero,
no puedo más, decía; yo me muero.
Repartamos la carga, y será poca;
si no, se me va el alma por la boca.» 10
Dice el otro: «Revienta enhorabuena:
¿Por eso he de sufrir la carga ajena?
Gran bestia seré yo si tal hiciere.
Miren y qué Borrico se me muere.»
Tan justamente se quejó el jumento, 15
que expiró el infeliz en el momento.
El caballo conoce su pecado,
pues tuvo que llevar mal de su grado
los fardos y aparejos todo junto,
ítem más el pellejo del difunto. 20
Juan, alivia en sus penas al vecino;
y él, cuando tú las tengas, dete ayuda;
Si no lo hacéis así, temed sin duda

que seréis el caballo y el pollino.

Fábula IV. El labrador y la providencia
Un labrador cansado,
en el ardiente estío,
debajo de una encina
reposaba pacífico y tranquilo.
Desde su dulce estancia   5
miraba agradecido
el bien con que la tierra
premiaba sus penosos ejercicios.
Entre mil producciones,
hijas de su cultivo,   10
veía calabazas,
melones por los suelos esparcidos.
«¿Por qué la Providencia,
decía entre sí mismo,
puso a la ruin bellota   15
en elevado preeminente sitio?
¿Cuánto mejor sería
que, trocando el destino,
pendiesen de las ramas
calabazas, melones y pepinos?»   20
Bien oportunamente,
al tiempo que esto dijo,
cayendo una bellota,
le pegó en las narices de improviso.
«Pardiez, prorrumpió entonces   25
el labrador sencillo,
si lo que fue bellota
algún gordo melón hubiera sido,
desde luego pudiera

tomar a buen partido
en caso semejante
quedar desnarigado, pero vivo.»
Aquí la Providencia
manifestarle quiso
que supo a cada cosa
señalar sabiamente su destino.
A mayor bien del Hombre
todo está repartido;
preso el pez en su concha,
y libre por el aire el pajarillo.

Fábula V. El asno vestido de león

Un asno disfrazado
con una grande piel de león andaba;
Por su temible aspecto casi estaba
desierto el bosque, solitario el prado.
Pero quiso el destino
que le llegase a ver desde el molino
la punta de una oreja el molinero.
Armado entonces de un garrote fiero,
dale de palos, llévalo a su casa;
divúlgase al contorno lo que pasa.
Llegan todos a ver en el instante
al que habían temido león reinante;
y haciendo mofa de su idea necia,
quien más le respetó, más le desprecia.
Desde que oí del asno contar esto,
dos ochavos apuesto,
si es que Pedro Fernández no se deja
de andar con el disfraz de caballero,
a vueltas del vestido y el sombrero,

que le han de ver la punta de la oreja.   20

Fábula VI. La gallina de los huevos de oro
Érase una gallina que ponía
un huevo de oro al dueño cada día.
Aun con tanta ganancia mal contento,
quiso el rico avariento
descubrir de una vez la mina de oro,   5
y hallar en menos tiempo más tesoro.
Matola, abriola el vientre de contado;
pero, después de haberla registrado,
¿qué sucedió?, que muerta la gallina
perdió su huevo de oro y no halló mina.   10
¡Cuantos hay que teniendo lo bastante,
enriquecerse quieren al instante,
abrazando proyectos
a veces de tan rápidos efectos,
que solo en pocos meses,   15
cuando se contemplaban ya marqueses,
contando sus millones,
se vieron en la calle sin calzones!

Fábula VII. Los cangrejos
Los más autorizados, los más viejos
de todos los cangrejos
una gran asamblea celebraron.
Entre los graves puntos que trataron,
a propuesta de un docto presidente,   5
como resolución la más urgente,
Tomaron la que sigue: «Pues que al mundo
estamos dando ejemplo sin segundo,
el más vil y grosero,

en andar hacia atrás como el soguero; 10
siendo cierto también que los ancianos
duros de pies y manos,
causándonos los años pesadumbre,
no podemos vencer nuestra costumbre;
toda madre desde este mismo instante 15
ha de enseñar a andar hacia adelante
a sus hijos; y dure la enseñanza
hasta quitar del mundo tal usanza.—
Garras a la obra», dicen las maestras,
que se creían diestras; 20
y sin dejar ninguno,
ordenan a sus hijos uno a uno,
que muevan sus patitas blandamente
hacia delante sucesivamente.
Pasito a paso, al modo que podían, 25
ellos obedecían;
pero al ver a sus madres que marchaban
al revés de lo que ellas enseñaban,
olvidando los nuevos documentos,
imitaban sus pasos, más contentos. 30
Repetían las madres sus lecciones,
mas no bastaban teóricas razones;
porque obraba en los jóvenes cangrejos
solo un ejemplo más que mil consejos.
Cada maestra se aflige y desconsuela, 35
no pudiendo hacer práctica su escuela;
de modo que en efecto
abandonaron todas el proyecto.
Los magistrados saben el suceso,
y en su pleno congreso 40
la nueva ley al punto derogaron,

porque se aseguraron
de que en vano intentaban la reforma,
cuando ellos no sabían ser la norma.
Y es así; que la fuerza de las leyes 45
suele ser el ejemplo de los Reyes.

    Fábula VIII. Las ranas sedientas
Dos ranas que vivían juntamente,
en un verano ardiente
se quedaron en seco en su laguna.
Saltando aquí y allí, llegó la una
a la orilla de un pozo. 5
Llena entonces de gozo,
gritó a su compañera:
«Ven y salta ligera.»
Llegó, y estando entrambas a la orilla,
notando como grande maravilla, 10
entre los agostados juncos y heno,
el fresco pozo casi de agua lleno,
prorrumpió la primera: «¿A qué esperamos,
que no nos arrojamos
al agua, que apacible nos convida?» 15
La segunda responde: «Inadvertida,
yo tengo igual deseo;
pero pienso y preveo
que, aunque es fácil al pozo nuestra entrada,
la agua, con los calores exhalada, 20
según vaya faltando,
nos irá dulcemente sepultando,
y al tiempo que salir solicitemos,
en la Estigia laguna nos veremos.»
Por consultar al gusto solamente 25

entra en la nasa el pez incautamente,
el pájaro sencillo en la red queda,
y ¿en qué lazos el hombre no se enreda?

    Fábula IX. El cuervo y el zorro
En la rama de un árbol,
bien ufano y contento,
con un queso en el pico,
estaba el señor Cuervo.
Del olor atraído   5
un zorro muy maestro
le dijo estas palabras,
a poco más o menos:
«Tenga usted buenos días,
señor Cuervo, mi dueño;   10
vaya que estáis donoso,
mono lindo en extremo;
yo no gasto lisonjas,
y digo lo que siento;
que si a tu bella traza   15
corresponde el gorjeo,
juro a la diosa Ceres,
siendo testigo el cielo,
que tu serás el fénix
de sus vastos imperios.»   20
Al oír un discurso
tan dulce y halagüeño,
de vanidad llevado
quiso cantar el cuervo.
Abrió su negro pico,   25
dejó caer el queso;
el muy astuto zorro,

después de haberlo preso,
le dijo: «Señor bobo,
pues sin otro alimento 30
quedáis con alabanzas
tan hinchado y repleto,
digerid las lisonjas
mientras digiero el queso.»
Quien oye aduladores, 35
nunca espere otro premio.

    Fábula X. Un ojo y un picarón
A un buen cojo un descortés
insultó atrevidamente.
Oyolo pacientemente,
continuando su carrera,
cuando al son de la cojera 5
dijo el otro: «Una, dos, tres,
cojo es.
Oyolo el Cojo: aquí fue
donde el buen hombre perdió
los estribos, pues le dio 10
tanta cólera y tal ira,
que la muleta le tira,
quedándose, ya se ve,
sobre un pie.
«Solo el no poder correr, 15
para darte el escarmiento,
dijo el cojo, es lo que siento,
que este mal no me atormenta;
porque al hombre solo afrenta
lo que supo merecer, 20

padecer.

Fábula XI. El carretero y Hércules
En un atolladero
el carro se atascó de Juan Regaña,
él a nada se mueve ni se amaña;
pero jura muy bien: gran carretero.
A Hércules invocó; y el dios le dice:　　　5
«Aligera la carga; ceja un tanto;
quita ahora ese canto:
¿Está? —Sí, le responde, ya lo hice.—
Pues enarbola el látigo, y con eso
puedes ya caminar». De esta manera,　　　10
arreando a la Mohína y la Roncera,
salió Juan con su carro del suceso.
Si haces lo que estuviere de tu parte,
pide al cielo favor: ha de ayudarte.

Fábula XII. La zorra y el chivo
Una zorra cazaba;
y al seguir a un gazapo,
entre aquí se escabulle, allí lo atrapo,
en un pozo cayó que al paso estaba.
Cuando más la afligía su tristeza,　　　5
por no hallar la infeliz salida alguna,
vio asomarse al brocal, por su fortuna,
del chivo padre la gentil cabeza.
«¿Qué tal?, dijo el barbón, ¿la agua es salada?
—Es tan dulce, tan fresca y deliciosa,　　　10
respondió la raposa,
que en el tal pozo estoy como encantada.»
Al agua el chivo se arrojó, sediento:

Monta sobre él la zorra de manera,
que haciendo de sus cuernos escalera, 15
pilla el brocal y sale en el momento.
Quedó el pobre atollado: cosa dura.
Mas ¿quién podrá a la zorra dar castigo,
cuando el hombre, aún a costa de su amigo,
del peligro mayor salir procura? 20

Fábula XIII. El lobo, la zorra y el mono juez
Un lobo se quejó criminalmente
de que una zorra astuta lo robase.
El mono juez, como ella lo negase,
dejolos alegar prolijamente.
Enterado, pronuncia la sentencia: 5
«No consta que te falte nada, lobo;
y tú, raposa, tú tienes el robo.»
Dijo, y los despidió de su presencia.
Esta contradicción es cosa buena;
la dijo el docto Mono con malicia. 10
Al perverso su fama lo condena
aun cuando alguna vez pida justicia.

Fábula XIV. Los dos gallos
Habiendo a su rival vencido un gallo,
quedó entre sus gallinas victorioso,
más grave, más pomposo,
que el mismo Gran Sultán en su serrallo.
Desde un alto pregona vocinglero 5
su gran hazaña: El gavilán lo advierte;
lo pilla, lo arrebata, y por su muerte,
quedó el rival señor del gallinero.
Consuele al abatido tal mudanza:

Sirva también de ejemplo a los mortales,   10
que se juzgan exentos de los males
cuando se ven en próspera bonanza.

    Fábula XV. La mona y la zorra
En visita una mona
con una zorra estaba cierto día,
y así, ni más ni menos, la decía:
«Por mi fe, que tenéis bella persona,
»gallardo talle, cara placentera,   5
airosa en el andar, como vos sola,
y a no ser tan disforme vuestra cola,
seríais en lo hermosa la primera.
»Escuchad un consejo,
que ha de ser a las dos muy importante   10
yo os la he de cortar, y lo restante
me lo acomodaré por zagalejo.—
«Abrenuncio, la zorra le responde:
Es cosa para mí menos amarga
barrer el suelo con mi cola larga,   15
que verla por pañal bien sé yo donde.»
Por ingenioso que el necesitado
sea para pedir al avariento,
éste será de superior talento
para negarse a dar de lo sobrado.   20

    Fábula XVI. La gata mujer
Zapaquilda la bella
era gata doncella,
muy recatada, no menos hermosa.
Queríala su dueño por esposa,
si Venus consintiese,   5

y en mujer a la gata convirtiese.
De agradable manera
vino en ello la diosa placentera,
y ved a Zapaquilda en un instante
hecha moza gallarda, rozagante.　　　　　10
Celébrase la boda;
estaba ya la sala nupcial toda
de un lucido concurso coronada;
la novia relamida, almidonada,
junto al novio, galán enamorado;　　　　15
todo brillantemente preparado,
cuando quiso la diosa
que cerca de la esposa
pasase un ratoncillo de repente.
al punto que lo ve, violentamente,　　　　20
a pesar del concurso y de su amante,
salta, corre tras él y échale el guante.
Aunque del valle humilde a la alta cumbre
inconstante nos mude la fortuna,
la propensión del natural es una　　　　25
en todo estado, y más con la costumbre.

　　　Fábula XVII. La leona y el oso
Dentro de un bosque oscuro y silencioso,
con un rugir continuo y espantoso,
que en medio de la noche resonaba,
una leona a las fieras inquietaba.
Dícela un oso: «Escúchame una cosa:　　5
¿Qué tragedia horrorosa
o qué sangrienta guerra,
qué rayos o qué plagas a la tierra
anuncia tu clamor desesperado,

en el nombre de Júpiter airado?— 10
¡Ah!, mayor causa tienen mis rugidos.
Yo, la más infeliz de los nacidos,
¿cómo no moriré desesperada,
si me han robado el hijo, ¡ay desdichada!—
¡Hola! ¿Con que, eso es todo? 15
Pues si se lamentasen de ese modo
las madres de los muchos que devoras,
buena música hubiera a todas horas.
Vaya, vaya, consuélate como ellas;
no nos quiten el sueño tus querellas.» 20
A desdichas y males
vivimos condenados los mortales.
A cada cual, no obstante, le parece
que de esta ley una excepción merece.
Así nos conformamos con la pena, 25
no cuando es propia, sí cuando es ajena.

Fábula XVIII. El lobo y el perro flaco
Distante de la aldea,
iba cazando un perro
flaco, que parecía
un andante esqueleto.
Cuando menos lo piensa, 5
un lobo lo hizo preso;
aquí de sus clamores,
de sus llantos y ruegos.
«Decidme, señor Lobo,
¿qué queréis de mi cuerpo, 10
si no tiene otra cosa
que huesos y pellejo?
Dentro de quince días

casa a su hija mi dueño,
y ha de haber para todos 15
arroz y gallo muerto.
Dejadme ahora libre;
que pasado este tiempo
podrás comerme a gusto,
lucio, gordo y relleno.» 20
Quedaron convenidos;
y apenas se cumplieron
los días señalados,
el lobo buscó al perro.
Estábase en su casa 25
con otro compañero,
llamado Matalobos,
mastín de los más fieros.
Salen a recibirlo;
al punto que lo vieron, 30
Matalobos bajaba
con corbatín de hierro.
No era el lobo persona
de tantos cumplimientos;
y así, por no gastarlos, 35
cedió de su derecho.
Huía, y lo llamaban;
mas él iba diciendo
con el rabo entre piernas:
«Pies, ¿para qué os quiero?» 40
Hasta los niños saben,
que es de mayor aprecio
un pájaro en la mano

que por el aire ciento.

Fábula XIX. La oveja y el ciervo

Un celemín de trigo
pidió a la oveja el ciervo, y la decía:
«Si es que usted de mi paga desconfía,
a presentar me obligo
un fiador desde luego,   5
que no dará lugar a tener queja.—
Y ¿quién es éste?», preguntó la oveja.
«Es un lobo abonado, llano y lego.
»¡Un lobo!, ya; mas hallo un embarazo:
Si no tenéis más fincas que él sus dientes,   10
y tú los pies para escapar valientes,
¿a quién acudiré, cumplido el plazo?»
Si quien es el que pide, y sus fiadores,
antes de dar prestado se examina,
será menor, sin otra medicina,   15
la peste de los malos pagadores.

Fábula XX. La alforja

En una alforja al hombro
llevo los vicios,
los ajenos delante,
detrás los míos.
Esto hacen todos;   5
así ven los ajenos,
mas no los propios.

Fábula XXI. El asno infeliz

Yo conocí un jumento
que murió muy contento

por creer, y no iba fuera de camino,
que así cesaba su fatal destino.
Pero la adversa suerte   5
aún después de su muerte
lo persiguió: Dispuso que al difunto
le arrancasen el cuero luego al punto
para hacer tamboriles,
y que en los regocijos pastoriles   10
bailasen las zagalas en el prado,
al son de su pellejo baqueteado.
Quien por su mala estrella es infelice,
aun muerto lo será. Fedro lo dice.

Fábula XXII. El jabalí y la zorra
Sus horribles colmillos aguzaba
un jabalí en el tronco de una encina.
La zorra, que vecina
del animal cerdoso se miraba,
le dice: «Extraño el verte,   5
siendo tú en paz Señor de la Bellota,
cuando ningún contrario te alborota,
que tus armas afiles de esa suerte.»
La fiera le responde: «Tengo oído
que en la paz se prepara el buen guerrero,   10
así como en la calma el marinero,
y que vale por dos el prevenido.»

Fábula XXIII. El perro y el cocodrilo
Bebiendo un perro en el Nilo
al mismo tiempo corría.
«Bebe quieto», le decía
un taimado cocodrilo.

Díjole el perro prudente: 5
«Dañoso es beber y andar;
pero ¿es sano el aguardar
a que me claves el diente?»
¡Oh, qué docto perro viejo!
Yo venero su sentir 10
en esto de no seguir
del enemigo el consejo.

Fábula XXIV. La comadreja y los ratones
　Débil y flaca cierta comadreja,
no pudiendo ya más de puro vieja,
ni cazaba, ni hacía provisiones
de abundantes ratones,
como en tiempos pasados, 5
que elegía los tiernos, regalados,
para cubrir su mesa.
Solo de tarde en tarde hacía presa
en tal cual que pasaba muy cercano,
gotoso, paralítico o anciano. 10
Obligada del hambre cierto día,
urdió el modo mejor con que saldría
de aquella pobre situación hambrienta;
pues la necesidad todo lo inventa.
Esta vieja taimada 15
métese entre la harina amontonada.
Alerta y con cautela,
cual suele en la garita el centinela,
espera ansiosa su feliz momento
para la ejecución del pensamiento. 20
Llega el ratón sin conocer su ruina,
y mete el hociquillo entre la harina.

Entonces ella le echa de repente
la garra al cuello, y al hocico el diente.
Con este nuevo ardid tan oportuno   25
se los iba embuchando de uno en uno,
y a merced de discurso tan extraño
logró sacar su tripa de mal año.
Es un feliz ingenio interesante:
Él nos ayuda, si el poder nos deja;   30
y al ver lo que pasó a la comadreja,
¿quién no aguzará el suyo en adelante?

    Fábula XXV. El lobo y el perro
En busca de alimento
iba un lobo muy flaco y muy hambriento.
Encontró con un perro tan relleno,
tan lucio, sano y bueno,
que le dijo: «Yo extraño   5
que estés de tan buen año,
como se deja ver por tu semblante,
cuando a mí, más pujante,
más osado y sagaz, mi triste suerte
me tiene hecho retrato de la muerte.»   10
El perro respondió: «Sin duda alguna
lograrás si tu quieres, mi fortuna.
Deja el bosque y el prado;
retírate a poblado;
servirás de portero   15
a un rico caballero,
sin otro afán ni más ocupaciones,
que defender la casa de ladrones.—
Acepto desde luego tu partido,
que para mucho más estoy curtido.   20

Así me libraré de la fatiga
a que el hambre me obliga,
de andar por montes sendereando peñas,
trepando riscos y rompiendo breñas,
sufriendo de los tiempos los rigores,   25
lluvias, nieves, escarchas y calores.»
A paso diligente
marchaban juntos amigablemente,
tratando varios puntos de confianza,
pertenecientes a llenar la panza.   30
En esto el lobo, por algún recelo,
que comenzó a turbarle su consuelo,
mirando al perro, dijo: «He reparado
que tienes el pescuezo algo pelado.
Dime: ¿Qué es eso? —Nada.—   35
Dímelo, por tu vida, camarada.—
No es más que la señal de la cadena;
pero no me da pena,
pues aunque por inquieto,
a ello estoy sujeto,   40
me sueltan cuando comen mis señores,
Recíbenme a sus pies de mil amores:
Ya me tiran el pan, ya la tajada,
y todo aquello que les desagrada;
éste lo mal asado,
aquel un hueso poco descarnado;
y aun un glotón, que todo se lo traga,
a lo menos me halaga,
pasándome la mano por el lomo;
yo meneo la cola, callo y como.
Todo eso es bueno, yo te lo confieso;
pero por fin y postre tú estás preso:

Jamás sales de casa,
ni puedes ver lo que en el pueblo pasa.—
Es así.
      —Pues amigo,
la amada libertad que yo consigo
no he de trocarla de manera alguna
por tu abundante y próspera fortuna.
Marcha, marcha a vivir encarcelado;
no serás envidiado
de quien pasea el campo libremente,
aunque tú comas tan glotonamente
pan, tajadas y huesos; porque al cabo,
no hay bocado en sazón para un esclavo.»

Tomo II

Nec aliud quidquam per Fabellas quaeritur,
Quam corrigatur error ut mortalium,
Acuatque sese diligens industria.

(Fedro, Fábulas, Prólogo Libro II)

Neque enim notare síngulos mens est mihi,
Verum ipsam vitam et mores hominum ostendere. 5

(Fedro, Fábulas, Prólogo Libro III).

Advertencia

A excepción de un corto número de argumentos sacados de Esopo, Fedro y La Fontaine, todos los asuntos contenidos en los apólogos de los Libros VI, VII y VIII, pertenecen al fabulista inglés Gay. El Libro IX es original.

Libro VI

Fábula I. El Pastor y el Filósofo
De los confusos pueblos apartado,
un anciano Pastor vivió en su choza,
en el feliz estado en que se goza
existir ni envidioso ni envidiado.
No turbó con cuidados la riqueza   5
a su tranquila vida,
ni la extremada mísera pobreza
fue del dichoso anciano conocida.
Empleado en su labor gustosamente
envejeció: Sus canas, su experiencia   10
y su virtud le hicieron, finalmente,
respetable varón, hombre de ciencia.
Voló su grande fama por el mundo;
y llevado de nueva tan extraña,
acercose un Filósofo profundo   15
a la humilde cabaña,
y preguntó al Pastor: —Dime, ¿en qué escuela
te hiciste sabio? ¿Acaso te ocupaste
largas noches leyendo a la candela?
¿A Grecia y Roma, sabias, observaste?   20
¿Sócrates refinó tu entendimiento?
¿La ciencia de Platón has tú medido,
o pesaste de Tulio el gran talento,
o, tal vez, como Ulises has corrido
por ignorados pueblos y confusos,   25
observando costumbres, leyes y usos?
—Ni las letras seguí, ni como Ulises,
humildemente respondió el anciano,
discurrí por incógnitos países.

Sé que el género humano 30
en la escuela del mundo lisonjero
se instruye en el doblez y en la patraña.
Con la ciencia que engaña,
¿quién podrá hacerse sabio verdadero?
Lo poco que yo sé me lo ha enseñado 35
naturaleza en fáciles lecciones:
Un odio firme al vicio me ha inspirado,
ejemplos de virtud da a mis acciones.
Aprendí de la Abeja lo industrioso,
y de la Hormiga, que en guardar se afana, 40
a pensar en el día de mañana.
Mi Mastín, el hermoso
y fiel sin semejante,
de gratitud y lealtad constante
es el mejor modelo, 45
y, si acierto a copiarle, me consuelo.
Si mi nupcial amor lecciones toma,
las encuentra en la cándida Paloma.
La Gallina a sus pollos abrigando
con sus piadosas alas como madre, 50
y las sencillas Aves aun volando,
me prestan reglas para ser buen padre.
Sabia naturaleza, mi maestra,
lo malo y lo ridículo me muestra
para hacérmelo odioso. 55
Jamás hablo a las gentes
con aire grave, tono jactancioso,
pues saben los prudentes
que, lejos de ser sabio el que así hable,
será un Búho solemne, despreciable. 60
Un hablar moderado,

un silencio oportuno
en mis conversaciones he guardado.
El hablador molesto e importuno
es digno de desprecio. 65
Quien escuche a la Urraca será un necio.
A los que usan la fuerza y el engaño
para el ajeno daño,
y usurpan a los otros su derecho,
los debe aborrecer un noble pecho. 70
Únanse con los Lobos en la caza,
con Milanos y Halcones,
con la maldita serpentina raza,
caterva de carnívoros ladrones.
Mas, ¡qué dije!, los hombres, tan malvados, 75
ni aun merecen tener estos aliados.
No hay daño ni animal tan peligroso
como el usurpador y el envidioso.
Por último, en el Libro interminable
de la naturaleza yo medito: 80
En todo, lo creado es admirable;
del ente más sencillo y pequeñito
una contemplación profunda alcanza
los más preciosos frutos de enseñanza.
—Tu virtud acredita, buen anciano, 85
el Filósofo exclama,
tu ciencia verdadera y justa fama.
Vierte el género humano
en sus Libros y escuelas sus errores,
en preceptos mejores 90
nos da naturaleza su doctrina.
Así, quien sus verdades examina
con la meditación y la experiencia,

llegará a conocer virtud y ciencia.

Fábula II. El Hombre y la Fantasma
   Un Joven licencioso
se hallaba en un estado vergonzoso
con sus males secretos retirado:
En soledad, doliente, exasperado,
cavila, llora, canta, jura, reza,   5
como quien ha perdido la cabeza.
—¿Te falta la salud? Pues, Caballero
de todo tu dinero,
nobleza, juventud y poderío
sábete que me río;   10
trata de recobrarla, pues perdida,
¿de qué sirven los bienes de la vida?
Todo esto una Fantasma le previno,
y al instante se fue como se vino.
El enfermo se cuida, se repone;   15
un nuevo plan de vida se propone:
En efecto, se casa.
Cércanle los cuidados de la casa,
que se van aumentando de hora en hora.
La mujer, Dios nos libre, gastadora   20
aun mucho más que rica,
los hijos y las deudas multiplica;
de modo que el marido,
más que nunca aburrido,
se puso sobre un pie de economía,   25
que estrechándola más de día en día,
al fin se enriqueció con opulencia.
La Fantasma le dice: —En mi conciencia,
que te veo amarillo como el oro;

tienes tu corazón en el tesoro; 30
miras sobre tu pecho acongojado
el puñal del ladrón enarbolado;
las noches pasas en mortal desvelo.
¿Y así quieres vivir...? ¡Qué desconsuelo!
El Hombre, como caso milagroso, 35
se transformó de avaro en ambicioso.
Llegó dentro de poco a la privanza:
¡El señor don Dinero qué no alcanza!
La Fantasma le muestra claramente
un falso confidente: 40
Cien traidores amigos,
que quieren ser autores y testigos
de su pronta caída.
Resuélvese a dejar aquella vida,
y, ya desengañado, 45
en los campos se mira retirado.
Buscaba los placeres inocentes
en las flores y frutas diferentes.
¿Quieren ustedes creer, esto me pasma,
que aun allí le persigue la Fantasma? 50
Los insectos, los yelos y los vientos,
todos los elementos
y las plagas de todas estaciones
han de ser en el campo tus ladrones.
Pues ¿adónde irá el pobre Caballero?... 55
Digo que es un solemne majadero
todo aquel que pretende
vivir en este mundo sin su duende.

    Fábula III. El Jabalí y el Carnero
    De la rama de un árbol un Carnero

degollado pendía;
en él a sangre fría
cortaba el remangado Carnicero.
El rebaño inocente, 5
que el trágico espectáculo miraba,
de miedo, ni pacía ni balaba.
Un Jabalí gritó: —Cobarde gente,
que miráis la carnívora matanza,
¿cómo no os vengáis del enemigo? 10
—Tendrá, dijo un Carnero, su castigo;
mas no de nuestra parte la venganza.
La piel que arranca con sus propias manos
sirve para los pleitos y la guerra,
las dos mayores plagas de la tierra 15
que afligen a los míseros humanos.
Apenas nos desuellan, se destina
para hacer pergaminos y tambores:
Mira cómo los hombres malhechores
labran en su maldad su propia ruina. 20

Fábula IV. El Raposo, la Mujer y el Gallo
   Con las orejas gachas
y la cola entre piernas,
se llevaba un Raposo
un Gallo de la aldea.
Muchas gracias al alba, 5
que pudo ver la fiesta,
al salir de su casa,
Juana la madruguera.
Como una loca grita:
—Vecinos, que le lleva; 10
que es el mío, vecinos.

Oye el Gallo las quejas,
y le dice al Raposo:
—Dila que no nos mienta,
que soy tuyo y muy tuyo. 15
Volviendo la cabeza,
la responde el Raposo:
—Oyes, gran embustera,
no es tuyo, sino mío;
él mismo lo confiesa. 20
Mientras esto decía,
el Gallo libre vuela,
y en la copa de un árbol
canta que se las pela.
El Raposo burlado 25
huyó: ¡Quién lo creyera!
Yo, pues, a más de cuatro,
muy zorros en sus tretas,
por hablar a destiempo,
los vi perder la presa. 30

Fábula V. El Filósofo y el Rústico
La del alba sería
la hora en que un Filósofo salía
a meditar al campo solitario,
en lo hermoso y lo vario
que a la luz de la aurora nos enseña 5
naturaleza, entonces más risueña.
Distraído, sin senda caminaba,
cuando llegó a un cortijo, donde estaba
con un martillo el Rústico en la mano,
en la otra un milano, 10
y sobre una portátil escalera.

—¿Qué haces de esa manera?,
el Filósofo dijo.
—Castigar a un ladrón de mi cortijo,
que en mi corral ha hecho más destrozos   15
que todos los ladrones en Torozos.
Le clavo en la pared... Ya estoy contento...
Sirve a toda tu raza de escarmiento.
—El matador es digno de la muerte,
el Sabio dijo; mas si de esa suerte   20
el milano merece ser tratado,
¿de qué modo será bien castigado
el hombre sanguinario, cuyos dientes
devoran a infinitos inocentes,
y cuenta como mísera su vida,   25
si no hace de cadáveres comida?
Y aun tú, que así castigas los delitos,
cenarías anoche tus pollitos.
—Al mundo le encontramos de este modo,
dijo airado el Patán. Y, sobre todo,   30
si lo mismo son hombres que milanos,
guárdese no le pille entre mis manos.
El Sabio se dejó de reflexiones.
Al tirano le ofenden las razones
que demuestran su orgullo y tiranía;   35
mientras por su sentencia cada día
muere, viviendo él mismo impunemente,
por menores delitos otra gente.

   Fábula VI. La Pava y la Hormiga
   Al salir con las yuntas
los criados de Pedro,
el corral se dejaron

de par en par abierto.
Todos los pavipollos 5
con su madre se fueron,
aquí y allí picando,
hasta el cercano otero.
Muy contenta la Pava
decía a sus polluelos: 10
—Mirad, hijos, el rastro
de un copioso hormiguero.
Ea, comed hormigas
y no tengáis recelo,
que yo también las como: 15
Es un sabroso cebo.
Picad, queridos míos:
¡Oh, qué días los nuestros,
si no hubiese en el mundo
malditos cocineros! 20
Los hombres nos devoran,
y todos nuestros cuerpos
humean en las mesas
de nobles y plebeyos.
A cualquier fiestecilla 25
ha de haber pavos muertos.
¡Qué pocas Navidades
contaron mis abuelos!
¡Oh, glotones humanos,
crueles carniceros! 30
Mientras tanto, una Hormiga
se puso en salvamento
sobre un árbol vecino
y gritó con denuedo:
—¡Hola!, conque los hombres 35

son crueles, perversos.
Y ¿qué seréis los pavos?
¡Ay de mí!, ya lo veo:
A mis tristes parientes,
¡qué digo!, a todo el pueblo 40
sólo por desayuno
os le vais engullendo.
No respondió la Pava
por no saber un cuento,
que era entonces del caso, 45
y ahora viene a pelo.
Un Gusano roía
un grano de centeno;
viéronlo las Hormigas:
¡Qué gritos!, ¡qué aspavientos! 50
—Aquí fue Troya, dicen;
muere, pícaro perro.
Y ellas, ¿qué hacían? Nada:
Robar todo el granero.
Hombres, pavos, hormigas, 55
según estos ejemplos,
cada cual en su Libro
esta moral tenemos:
La falta leve en otro
es un pecado horrendo, 60
pero el delito propio
no más que pasatiempo.

Fábula VII. El Enfermo y la Visión
   —¡Conque de tus recetas exquisitas,
un Enfermo exclamó, ninguna alcanza...!
El médico se fue sin esperanza,

contando por los dedos sus visitas.
Así, desengañado,   5
y creciendo por horas su dolencia,
de este modo examina su conciencia:
«En todos mis contratos he logrado,
no lo niego, ganancia muy segura;
trabajé en calcular mis intereses: 10
Aumenté mi caudal en pocos meses,
más por felicidad que por usura.
Sin rencor ni malicia
hice que a mi deudor pusiesen preso:
Murió pobre en la cárcel, lo confieso;   15
mas, en fin, es un hecho de justicia.
Si por cierto instrumento
reduje una familia muy honrada
a pobreza extremada,
algún día leerán mi testamento.   20
Entonces, muerto yo, se hará patente,
en la tierra lo mismo que en el cielo,
para alivio de pobres y consuelo,
mi caridad ardiente».
Una Visión se acerca y dice: —Hermano,   25
la esperanza condeno
del que aguarda a morir para ser bueno.
Una acción de piedad está en tu mano:
Tus prójimos, según sus oraciones,
están necesitados;   30
para ser remediados
han menester siquiera cien doblones.
—¡Cien doblones! No es nada.
Y si, porque Dios quiera, no me muero
y después me hace falta ese dinero,   35

¿sería caridad bien ordenada?
—Avaro, ¿te resistes? Pues al cabo
te anuncio que tu muerte está cercana.
—¿Me muero? Pues que esperen a mañana.
La Visión se volvió sin un ochavo. 40

   Fábula VIII. El Camello y la Pulga
  Al que ostenta valimiento,
cuando su poder es tal
que ni influye en bien ni en mal,
le quiero contar un cuento.
En una larga jornada 5
un Camello muy cargado
exclamó, ya fatigado:
—¡Oh, qué carga tan pesada!
Doña Pulga, que montada
iba sobre él, al instante 10
se apea, y dice arrogante:
—Del peso te Libro yo.
El Camello respondió:
—Gracias, señor elefante.

Fábula IX. El Cerdo, el Carnero y la Cabra
  Poco antes de morir el corderillo
lame alegre la mano y el cuchillo
que han de ser de su muerte el instrumento,
y es feliz hasta el último momento.
Así, cuando es el mal inevitable, 5
es quien menos prevé más envidiable.
Bien oportunamente mi memoria
me presenta al Lechón de cierta historia.
Al mercado llevaba un Carretero

un Marrano, una Cabra y un Carnero.   10
Con perdón, el Cochino
clamaba sin cesar en el camino:
—¡Ésta sí que es miseria!
Perdido soy, me llevan a la feria.
Así gritaba, mas ¡con qué gruñidos!   15
No dio en su esclavitud tales gemidos
Hécuba la infelice.
El Carretero al gruñidor le dice:
—¿No miras al Carnero y a la Cabra,
que vienen sin hablar una palabra?   20
—¡Ay, señor, le responde, ya lo veo!
Son tontos y no piensan. Yo preveo
nuestra muerte cercana.
A los dos por la leche y por la lana
quizá no matarán tan prontamente;   25
pero a mí, que soy bueno solamente
para pasto del hombre... no lo dudo:
Mañana comerán de mi menudo.
¡Adiós, pocilga; adiós, gamella mía!
Sutilmente su muerte preveía.   30
Mas ¿qué lograba el pensador Marrano?
Nada, sino sentirla de antemano.
El dolor ni los ayes es seguro
que no remediarán el mal futuro.

Fábula X. El León, el Tigre y el Caminante
    Entre sus fieras garras oprimía
un Tigre a un Caminante.
A los tristes quejidos, al instante
un León acudió; con bizarría
lucha, vence a la fiera, y lleva al hombre   5

a su regia caverna. —Toma aliento,
le decía el León, nada te asombre;
soy tu libertador, estame atento.
¿Habrá bestia sañuda y enemiga
que se atreva a mi fuerza incomparable? 10
Tú puedes responder, o que lo diga
esa pintada fiera despreciable.
Yo, yo solo, monarca poderoso,
domino en todo el bosque dilatado.
¡Cuántas veces la onza y aun el oso 15
con su sangre el tributo me han pagado!
Los despojos de pieles y cabezas,
los huesos que blanquean este piso
dan el más claro aviso
de mi valor sin par y mis proezas. 20
—Es verdad, dijo el Hombre, soy testigo:
Los triunfos miro de tu fuerza airada,
contemplo a tu nación amedrentada;
al librarme venciste a mi enemigo.
En todo esto, señor, con tu licencia, 25
sólo es digna del trono tu clemencia.
Sé benéfico, amable,
en lugar de despótico tirano;
porque, señor, es llano
que el monarca será más venturoso 30
cuanto hiciere a su pueblo más dichoso.
—Con razón has hablado,
y ya me causa pena
el haber yo buscado
mi propia gloria en la desdicha ajena. 35
En mis jóvenes años
el orgullo produjo mil errores,

que me los ha encubierto con engaños
una corte servil de aduladores.
Ellos me aseguraban de concierto 40
que por el mundo todo
no reinan los humanos de otro modo:
Tú lo sabrás mejor; dime, y ¿es cierto?

Fábula XI. La Muerte

Pensaba en elegir la reina Muerte
un ministro de Estado;
le quería de suerte
que hiciese floreciente su reinado.
«El tabardillo, gota, pulmonía 5
y todas las demás enfermedades,
yo conozco, decía,
que tienen excelentes calidades.
Mas ¿qué importa? La peste, por ejemplo,
un ministro sería sin segundo; 10
pero ya por inútil la contemplo,
habiendo tanto médico en el mundo.
Uno de éstos elijo... Mas no quiero,
que están muy bien premiados sus servicios
sin otra recompensa que el dinero». 15
Pretendieron la plaza algunos vicios,
alegando en su abono mil razones.
Consideró la reina su importancia,
y, después de maduras reflexiones,
el empleo ocupó la intemperancia. 20

Fábula XII. El Amor y la Locura

Habiendo la Locura
con el Amor reñido,

dejó ciego de un golpe
al miserable niño.
Venganza pide al cielo 5
Venus, mas ¡con qué gritos!
Era madre y esposa:
Con esto queda dicho.
Queréllase a los dioses,
presentando a su hijo: 10
—¿De qué sirven las flechas,
de qué el arco a Cupido,
faltándole la vista
para asestar sus tiros?
Quítensele las alas 15
y aquel ardiente cirio,
si a su luz ser no pueden
sus vuelos dirigidos.
Atendiendo a que el ciego
siguiese su ejercicio, 20
y a que la delincuente
tuviese su castigo,
Júpiter, presidente
de la asamblea, dijo:
—Ordeno a la Locura, 25
desde este instante mismo,
que eternamente sea
de Amor el lazarillo.

Libro VII

Fábula I. El Raposo enfermo
El tiempo, que consume de hora en hora
los fuertes murallones elevados,
y lo mismo devora
montes agigantados,
a un Raposo quitó de día en día	5
dientes, fuerza, valor, salud; de suerte
que él mismo conocía
que se hallaba en las garras de la muerte.
Cercado de parientes y de amigos,
dijo en trémula voz y lastimera:	10
—¡Oh vosotros, testigos
de mi hora postrera,
atentos escuchad un desengaño!
Mis ya pasadas culpas me atormentan;
ahora, conjuradas en mi daño,	15
¿no veis cómo a mi lado se presentan?
Mirad, mirad los gansos inocentes
con su sangre teñidos,
y los pavos en partes diferentes,
al furor de mis garras, divididos.	20
Apartad esas aves que aquí veo,
y me piden sus pollos devorados:
Su infernal cacareo
me tiene los oídos penetrados.
Los Raposos le afirman con tristeza,	25
no sin lamerse labios y narices:
—Tienes debilitada la cabeza,
ni una pluma se ve de cuanto dices.
Y bien lo puedes creer, que si se viese...

—¡Oh glotones!, callad, ya ya os entiendo,
el enfermo exclamó. ¡Si yo pudiese
corregir las costumbres cual pretendo!
¿No sentís que los gustos,
si son contra la paz de la conciencia,
se cambian en disgustos?
Tengo de esta verdad gran experiencia.
Expuestos a las trampas y a los perros,
matáis y perseguís a todo trapo,
en la aldea gallinas, y en los cerros
los inocentes lomos del gazapo.
Moderad, hijos míos, las pasiones;
observad vida quieta y arreglada,
y con buenas acciones
ganaréis opinión muy estimada.
—Aunque nos convirtamos en corderos,
le respondió un oyente sentencioso,
otros han de robar los gallineros
a costa de la fama del Raposo.
Jamás se cobra la opinión perdida:
Esto es lo uno. A más, ¿usted pretende
que mudemos de vida?
Quien malas mañas ha
... Ya usted me entiende.
—Sin embargo, hermanito, crea, crea...,
el enfermo le dijo. Mas, ¡qué siento...!
¿No oís que una gallina cacarea...?
Esto sí que no es cuento.
Adiós, sermón; escápase la gente.
El enfermo orador esfuerza el grito:
—¿Os vais, hermanos? Pues tened presente

que no me haría daño algún pollito.

 Fábula II. Las exequias de la Leona
  En su regia caverna, inconsolable
el rey León yacía,
porque en el mismo día
murió, ¡cruel dolor!, su esposa amable.
A palacio la corte toda llega,   5
y en fúnebre aparato se congrega.
En la cóncava gruta resonaba
del triste rey el doloroso llanto.
Allí los cortesanos entre tanto
también gemían porque el rey lloraba;   10
que, si el viudo monarca se riera,
la corte lisonjera
trocara en risa el lamentable paso.
Perdone la difunta: Voy al caso.
Entre tanto sollozo   15
el Ciervo no lloraba, yo lo creo;
porque, lleno de gozo,
miraba ya cumplido su deseo.
La tal reina le había devorado
un hijo y la mujer al desdichado.   20
El Ciervo, en fin, no llora:
El concurso lo advierte,
el monarca lo sabe, y en la hora
ordena con furor darle la muerte.
—¿Cómo podré llorar, el Ciervo dijo, 25
si apenas puedo hablar de regocijo?
Ya disfruta, gran rey, más venturosa,
los Elíseos Campos vuestra esposa:
Me lo ha revelado, a la venida,

muy cerca de la gruta aparecida. 30
Me mandó lo callase algún momento,
porque gusta mostréis el sentimiento.
Dijo así, y el concurso cortesano
aclamó por milagro la patraña.
El Ciervo consiguió que el soberano 35
cambiase en amistad su fiera saña.
Los que en la indignación han incurrido
de los grandes señores,
a veces su favor han conseguido
con ser aduladores. 40
Mas no por esto advierto
que el medio sea justo; pues es cierto
que a más príncipes vicia
la adulación servil que la malicia.

    Fábula III. El Poeta y la Rosa
    Una fresca mañana,
en el florido campo
un Poeta buscaba
las delicias de mayo.
Al peso de las flores 5
se inclinaban los ramos,
como para ofrecerse
al huésped solitario.
Una Rosa lozana,
movida al aire blando, 10
le llama, y él se acerca.
La toma, y dice ufano:
—Quiero, Rosa, que vayas
no más que por un rato
a que la hermosa Clori 15

te reciba en su mano.
Mas no, no, pobrecita;
que si vas a su lado,
tendrás de su hermosura
unos celos amargos. 20
Tu suave fragancia,
tu color delicado,
el verdor de tus hojas
y tus pimpollos caros
entre estas florecillas 25
pueden ser alabados;
mas, junto a Clori bella,
es locura pensarlo.
Marchita, cabizbaja,
te irías deshojando, 30
hasta parar tu vida
en un desnudo cabo.
La Rosa, que hasta entonces
no desplegó sus labios,
le dijo, resentida: 35
—Poeta chabacano,
cuando a un héroe quieras
coronar con el lauro,
del jardín de sus hechos
has de cortar los ramos. 40
Por labrar su corona,
no es justo que tus manos
desnuden otras sienes
que la virtud y el mérito adornaron.

Fábula IV. El Búho y el Hombre
Vivía en un granero retirado

un reverendo Búho, dedicado
a sus meditaciones,
sin olvidar la caza de ratones.
Se dejaba ver poco, mas con arte: 5
Al Gran Turco imitaba en esta parte.
El dueño del granero
por azar advirtió que en un madero
el Pájaro nocturno
con gravedad estaba taciturno. 10
El Hombre le miraba y se reía:
—¡Qué carita de pascua!, le decía.
¿Puede haber más ridículo visaje?
Vaya, que eres un raro personaje.
¿Por qué no has de vivir alegremente 15
con la pájara gente,
seguir desde la aurora
a la turba canora
de jilgueros, calandrias, ruiseñores,
por valles, fuentes, árboles y flores? 20
—Piensas a lo vulgar, eres un necio,
dijo el solemne Búho con desprecio.
Mira, mira, ignorante,
a la sabiduría en mi semblante:
Mi aspecto, mi silencio, mi retiro, 25
aun yo mismo lo admiro.
Si rara vez me digno, como sabes,
de visitar la luz, todas las aves
me siguen y rodean; desde luego
mi mérito conocen, no lo niego. 30
—¡Ah tonto presumido!,
el Hombre dijo así, ten entendido
que las aves, muy lejos de admirarte,

te siguen y rodean por burlarte.
De ignorante orgulloso te motejan, 35
como yo a aquellos hombres que se alejan
del trato de las gentes,
y con extravagancias diferentes
han llegado a doctores en la ciencia
de ser sabios no más que en la apariencia. 40
De esta suerte de locos
hay hombres como búhos, y no pocos.

Fábula V. La Mona
Subió una Mona a un nogal,
y, cogiendo una nuez verde,
en la cáscara la muerde;
conque la supo muy mal.
Arrojola el animal, 5
y se quedó sin comer.
Así suele suceder
a quien su empresa abandona,
porque halla, como la Mona,
al principio qué vencer. 10

Fábula VI. Esopo y un Ateniense
Cercado de muchachos
y jugando a las nueces,
estaba el viejo Esopo
más que todos alegre.
—¡Ah pobre!, ya chochea, 5
le dijo un Ateniense.
En respuesta, el anciano
coge un arco que tiene
la cuerda floja, y dice:

—Ea, si es que lo entiendes, 10
dime, ¿qué significa
el arco de esta suerte?
Lo examina el de Atenas,
piensa, cavila, vuelve,
y se fatiga en vano, 15
pues que no lo comprende.
El Frigio victorioso
le dijo: —Amigo, advierte
que romperás el arco
si está tirante siempre; 20
si flojo, ha de servirte
cuando tú lo quisieres.
Si al ánimo estudioso
algún recreo dieren,
volverá a sus tareas 25
mucho más útilmente.

Fábula VII. Demetrio y Menandro
   Si te falta el buen nombre,
Fabio, en vano presumes
que en el mundo te tengan por grande hombre,
sin más que por tus galas y perfumes.
Demetrio el Faleriano se apodera 5
de Atenas, y, aunque fue con tiranía,
de agradable manera
los del vulgo le aclaman a porfía.
Los grandes y los nobles distinguidos,
con fingido placer, la mano besan 10
que los tiene oprimidos;
aun a los que en el ocio se embelesan
y a la poltrona gente

los arrastra el temor al cumplimiento.
Con ellos va Menandro juntamente,   15
dramático escritor de gran talento,
cuyas obras leyó, sin conocerle,
Demetrio. Con perfumes olorosos
y pasos afectados entra. Al verle
llegar entre los tardos perezosos,   20
el nuevo Arconte prorrumpió, enojado:
—¿Con qué valor se pone en mi presencia
ese hombre afeminado?
—Señor, le respondió la concurrencia,
es Menandro el autor. Al punto muda   25
de semblante el tirano:
Al escritor saluda,
y con grata expresión le da la mano.

Fábula VIII. Las Hormigas
Lo que hoy las Hormigas son,
eran los hombres antaño:
De lo propio y de lo extraño
hacían su provisión.
Júpiter, que tal pasión   5
notó de siglos atrás,
no pudiendo aguantar más,
en Hormigas los transforma.
Ellos mudaron de forma,
y ¿de costumbres? Jamás.   10

Fábula IX. Los Gatos escrupulosos
A las once y aun más de la mañana
la cocinera Juana,
con pretexto de hablar a la vecina,

se sale, cierra, y deja en la cocina
a Micifuf y Zapirón hambrientos.   5
Al punto, pues no gastan cumplimientos
Gatos enhambrecidos,
se avanzan a probar de los cocidos.
—¡Fu, dijo Zapirón, maldita olla!
¡Cómo abrasa! Veamos esa polla   10
que está en el asador lejos del fuego.
Ya también escaldado, desde luego
se arrima Micifuf, y en un instante
muestra cada trinchante
que en el arte cisoria, sin gran pena,   15
pudiera dar lecciones a Villena.
Concluido el asunto,
el señor Micifuf tocó este punto.
Útrum si se podía o no en conciencia
comer el asador. —¡Oh, qué demencia!,   20
exclamó Zapirón en altos gritos.
¡Cometer el mayor de los delitos!
¿No sabes que el herrero
ha llevado por él mucho dinero,
y que, si bien la cosa se examina,   25
entre la batería de cocina
no hay un mueble más serio y respetable?
Tu pasión te ha engañado, miserable.
Micifuf, en efecto,
abandonó el proyecto;   30
pues eran los dos Gatos
de suerte timoratos,
que si el diablo, tentando sus pasiones,
les pusiese asadores a millones,
no hablo yo de las pollas, o me engaño,   35

o no comieran uno en todo el año.
De otro modo
 ¡Qué dolor!, por un descuido
Micifuf y Zapirón
se comieron un capón,
en un asador metido.   40
Después de haberse lamido,
trataron en conferencia
si obrarían con prudencia
en comerse el asador.
¿Le comieron? No señor.   45
Era caso de conciencia.

Fábula X. El Águila y la asamblea de los Animales
 Todos los Animales cada instante
se quejaban a Júpiter tonante
de la misma manera
que si fuese un alcalde de montera.
El dios, y con razón, amostazado   5
viéndose importunado,
por dar fin de una vez a las querellas,
en lugar de sus rayos y centellas,
de receptor envía desde el cielo
al Águila rapante que, de un vuelo   10
en la tierra, juntó los Animales,
y expusieron en suma cosas tales:
Pidió el león la astucia del raposo,
éste de aquél lo fuerte y valeroso;
envidia la paloma al gallo fiero,   15
el gallo a la paloma lo ligero;
quiere el sabueso patas más felices,
y cuenta como nada sus narices;

el galgo lo contrario solicita;
y en fin, cosa inaudita, 20
los peces, de las ondas ya cansados,
quieren poblar los bosques y los prados;
y las bestias, dejando sus lugares,
surcar las olas de los anchos mares.
Después de oírlo todo, 25
el Águila concluye de este modo:
—¿Ves, maldita caterva impertinente,
que entre tanto viviente
de uno y otro elemento,
pues nadie está contento, 30
no se encuentra feliz ningún destino?
Pues, ¿para qué envidiar el del vecino?
Con sólo este discurso,
aun el bruto mayor de aquel concurso
se dio por convencido. 35
De modo que es sabido
que ya sólo se matan los humanos
en envidiar la suerte a sus hermanos.

    Fábula XI. La Paloma
  Un pozo pintado vio
una Paloma sedienta:
Tirose a él tan violenta,
que contra la tabla dio.
Del golpe, al suelo cayó, 5
y allí muere de contado.
De su apetito guiado,
por no consultar al juicio,
así vuela al precipicio

el hombre desenfrenado. 10

    Fábula XII. El Chivo afeitado
    —¡Vaya una quisicosa!
Si aciertas, Juana hermosa,
cuál es el animal más presumido,
que rabia por hacerse distinguido
entre sus semejantes, 5
te he de regalar un par de guantes.
No es el pavón, ni el gallo,
ni el león, ni el caballo.
Y así, no me fatigues con demandas.
—¿Será tal vez... el mono?
                      —Cerca le andas. 10
—¿El mico?
           —Que te quemas,
pero no acertarás; no, no lo temas.
Déjalo, no te canses el caletre.
Yo te diré cuál es: el petimetre.
Este vano orgulloso 15
pierde tiempo, doblones y reposo
en hacer distinguida su figura:
No para en los adornos su locura;
hace estudio de gestos y de acciones
a costa de violentas contorsiones; 20
de perfumes va siempre prevenido,
no quiere oler a hombre ni en descuido.
Que mire, marche o hable,
en todo busca hacerse remarcable.
¿Y qué consigue? Lo que todo necio: 25
Cuanto más se distingue, más desprecio.
En la historia siguiente yo me fundo.

Un Chivo, como muchos en el mundo,
vano extremadamente,
se miraba al espejo de una fuente. 30
«¡Que lástima, decía,
que esté mi juventud y lozanía
por siempre disfrazada
debajo de esta barba tan poblada!
¿Y cuándo? Cuando en todas las naciones 35
no tienen ni aun bigotes los varones;
pues ya cuentan que son los moscovitas,
si barbones ayer, hoy señoritas.
¡Qué cabrunos estilos tan groseros!
A bien que estoy en tierra de barberos». 40
La historia fue en Tetuán, y todo el día
la barberil guitarra se sentía.
El Chivo fue, guiado de su tono,
a la tienda de un mono,
barberillo afamado, 45
que afeitó al señorito de contado.
Sale barbilampiño a la campaña.
Al ver una figura tan extraña,
no hubo perro ni gato
que no le hiciese burla al mentecato. 50
Los Chivos le desprecian de manera,
que no hay más que decir. ¡Quién lo creyera!,
un respetable macho
dicen que se rió como un muchacho.

Libro VIII

A Elisa

Fábula I. El Naufragio de Simónides
En tanto que tus vanas compañeras,
cercadas de galanes seductores,
escuchan placenteras
en la escuela de Venus los amores,
Elisa, retirada te contemplo   5
de la diosa Minerva al sacro templo.
Ni eres menos donosa,
ni menos agraciada
que Clori, ponderada
de gentil y de hermosa;   10
pues, Elisa divina, ¿por qué quieres
huir en tu retiro los placeres?
¡Oh sabia, qué bien haces
en estimar en poco la hermosura,
los placeres fugaces,   15
el bien que sólo dura
como rosa que el ábrego marchita!
Tu prudencia infinita
busca el sólido bien y permanente
en la virtud y ciencia solamente.   20
Cuando el tiempo implacable con presteza,
o los males tal vez inopinados,
se lleven la hermosura y gentileza,
con lágrimas estériles llorados
serán aquellos días que se fueron   25
y a juegos vanos tus amigas dieron;
pero a tu bien estable

no hay tiempo ni accidente que consuma:
Siempre serás feliz, siempre estimable.
Eres sabia, y en suma 30
este bien de la ciencia no perece.
Oye cómo esta Fábula lo explica,
que mi respeto a tu virtud dedica.
Simónides en Asia se enriquece,
cantando a justo precio los loores 35
de algunos generosos vencedores.
Este sabio Poeta, con deseo
de volver a su amada patria Ceo,
se embarca, y en la mar embravecida
fue la mísera nave sumergida. 40
De la gente a las ondas arrojada,
sale quien diestro nada;
y el que nadar no sabe
fluctúa en las reliquias de la nave.
Pocos llegan a tierra, afortunados, 45
con las náufragas tablas abrazados.
Todos cuantos el oro recogieron,
con el peso abrumados, perecieron.
A Clecémone van. Allí vivía
un varón literato, que leía 50
las obras de Simónides, de suerte
que al conversar los náufragos, advierte
que Simónides habla, y en su estilo
le conoce; le presta todo asilo
de vestidos, criados y dineros; 55
pero a sus compañeros
les quedó solamente por sufragio

mendigar con la tabla del naufragio.

Fábula II. El Filósofo y la Pulga
Meditando a sus solas cierto día,
un pensador Filósofo decía:
—El jardín adornado de mil flores,
y diferentes árboles mayores,
con su fruta sabrosa enriquecidos, 5
tal vez entretejidos
con la frondosa vid que se derrama
por una y otra rama,
mostrando a todos lados
las peras y racimos desgajados, 10
es cosa destinada solamente
para que la disfruten libremente
la oruga, el caracol, la mariposa:
No se persuaden ellos otra cosa.
Los pájaros sin cuento, 15
burlándose del viento,
por los aires sin dueño van girando.
El milano, cazando,
saca la consecuencia:
Para mí los crió la Providencia. 20
El cangrejo, en la playa envanecido,
mira los anchos mares, persuadido
a que las olas tienen por empleo
sólo satisfacerle su deseo,
pues cree que van y vienen tantas veces 25
por dejarle en la orilla ciertos peces.
No hay, prosigue el Filósofo profundo,
animal sin orgullo en este mundo.
El hombre solamente

puede en esto alabarse justamente.
Cuando yo me contemplo colocado
en la cima de un risco agigantado,
imagino que sirve a mi persona
todo el cóncavo cielo de corona.
Veo a mis pies los mares espaciosos
y los bosques umbrosos,
poblados de animales diferentes,
las escamosas gentes,
los brutos y las fieras,
y las aves ligeras,
y cuanto tiene aliento
en la tierra, en el agua y en el viento.
Y digo finalmente: Todo es mío.
¡Oh grandeza del hombre y poderío!
Una Pulga que oyó con gran cachaza
al Filósofo maza,
dijo: —Cuando me miro en tus narices,
como tú sobre el risco que nos dices,
y contemplo a mis pies aquel instante
nada menos que al hombre dominante,
que manda en cuanto encierra
el agua, viento y tierra;
y que el tal poderoso caballero
de alimento me sirve cuando quiero,
concluyo finalmente: Todo es mío.
¡Oh grandeza de Pulga y poderío!
Así dijo, y, saltando, se le ausenta.
De este modo se afrenta
aun al más poderoso,

cuando se muestra vano y orgulloso.   60

Fábula III. El Cazador y los Conejos
   Poco antes que esparciese
sus cabellos en hebras
el rubicundo Apolo
por la faz de la tierra,
de Cazador armado,   5
al soto Fabio llega.
Por el nudoso tronco
de cierta encina vieja
sube para ocultarse
en las ramas espesas.   10
Los incautos Conejos
alegres se le acercan.
Uno del verde prado
igualaba la yerba;
otro, cual jardinero,   15
las florecillas siega;
el tomillo y romero
éste y aquél cercenan.
Entre tanto al más gordo
Fabio su tiro asesta;   20
dispara, y al estruendo
se meten en sus cuevas
tan repentinamente,
que a muchos pareciera
que, salvo el muerto, a todos   25
se los tragó la tierra.
Después de tal espanto,
¿habrá alguno que crea
que de allí a poco rato

la tímida caterva,   30
olvidando el peligro,
al riesgo se presenta?
Cosa extraña parece,
mas no se admiren de ella.
¿Acaso los humanos   35
hacen de otra manera?

Fábula IV. El Filósofo y el Faisán

  Llevado de la dulce melodía
del cántico variado y delicioso
que en un bosque frondoso
las aves forman, saludando al día,
entró cierta mañana   5
un Sabio en los dominios de Diana.
Sus pasos esparcieron el espanto
en la agradable estancia:
Interrúmpese el canto;
las aves vuelan a mayor distancia;   10
todos los animales, asustados,
huyen delante de él precipitados;
y el Filósofo queda
con un triste silencio en la arboleda.
Marcha con cauto paso ocultamente;   15
descubre sobre un árbol eminente
a un Faisán, rodeado de su cría,
que con amor materno la decía:
—Hijos míos, pues ya que en mis lecciones
largamente os hablé de los milanos,   20
de los buitres y halcones,
hoy hemos de tratar de los humanos.
La oveja en leche y lana

da abrigo y alimento
para la raza humana, 25
y en agradecimiento
a tan gran bienhechora,
la mata el hombre mismo y la devora.
A la abeja, que labra sus panales
artificiosamente, 30
la roba, come, vende sus caudales,
y la mata en ejércitos su gente.
¿Qué recompensa, en suma,
consigue al fin el ganso miserable
por el precioso bien, incomparable, 35
de ayudar a las ciencias con su pluma?
Le da muerte temprana el hombre ingrato,
y hace de su cadáver un gran plato.
Y pues que los humanos son peores
que milanos y azores 40
y que toda perversa criatura,
huiréis con horror de su figura.
Así charló, y el Hombre se presenta.
—Ése es, grita la madre, y al instante
la familia volante 45
se desprende del árbol y se ausenta.
¡Oh cómo habló el Faisán! —Mas ¡qué dijera,
el Filósofo exclama, si supiera
que en sus propios hermanos
la ingratitud ejercen los humanos! 50

    Fábula V. El Zapatero médico
    Un inhábil y hambriento Zapatero
en la corte por Médico corría:
Con un contraveneno que fingía,

ganó fama y dinero.
Estaba el Rey postrado en una cama   5
de una grave dolencia;
para hacer experiencia
del talento del Médico, le llama.
El antídoto pide, y en un vaso
finge el Rey que le mezcla con veneno: 10
Se lo manda beber; el tal Galeno
teme morir, confiesa todo el caso,
y dice que, sin ciencia,
logró hacerse Doctor de grande precio
por la credulidad del vulgo necio.   15
Convoca el Rey al pueblo. —¡Qué demencia
es la vuestra, exclamó, que habéis fiado
la salud francamente
de un hombre a quien la gente
ni aun quería fiarle su calzado!   20
Esto para los crédulos se cuenta,
en quienes tiene el charlatán su renta.

Fábula VI. El Murciélago y la Comadreja
    Cayó, sin saber cómo,
un Murciélago a tierra;
al instante le atrapa
la lista Comadreja.
Clamaba el desdichado,   5
viendo su muerte cerca.
Ella le dice: —Muere,
que por naturaleza
soy mortal enemiga
de todo cuanto vuela.   10
El avechucho grita,

y mil veces protesta
que él es ratón, cual todos
los de su descendencia.
Con esto, ¡qué fortuna!,					15
el preso se liberta.
Pasado cierto tiempo,
no sé de qué manera,
segunda vez le pilla:
Él nuevamente ruega;					20
mas ella le responde
que Júpiter la ordena
tenga paz con las aves,
con los ratones guerra.
—¿Soy yo ratón acaso?					25
Yo creo que estás ciega.
¿Quieres ver cómo vuelo?
En efecto, le deja,
y a merced de su ingenio
libre el pájaro vuela.					30
Aquí aprendió de Esopo
la gente marinera,
murciélagos que fingen
pasaporte y bandera.
No importa que haya pocos				35
ingleses comadrejas;
tal vez puede de un riesgo
sacarnos una treta.

Fábula VII. La Mariposa y el Caracol
   Aunque te haya elevado la fortuna
desde el polvo a los cuernos de la Luna,
si hablas, Fabio, al humilde con desprecio,

tanto como eres grande serás necio.
«¡Qué! ¿Te irritas? ¿Te ofende mi lenguaje? 5
No se habla de ese modo a un personaje».
Pues haz cuenta, señor, que no me oíste,
y escucha a un Caracol. Vaya de chiste.
En un bello jardín, cierta mañana,
se puso muy ufana 10
sobre la blanca rosa
una recién nacida Mariposa.
El Sol resplandeciente
desde su claro oriente
los rayos esparcía; 15
ella, a su luz, las alas extendía,
sólo porque envidiasen sus colores
manchadas aves y pintadas flores.
Esta vana, preciada de belleza,
al volver la cabeza, 20
vio muy cerca de sí, sobre una rama,
a un pardo Caracol. La bella dama,
irritada, exclamó: —¿Cómo, grosero,
a mi lado te acercas? Jardinero,
¿de qué sirve que tengas con cuidado 25
el jardín cultivado,
y guarde tu desvelo
la rica fruta del rigor del yelo,
y los tiernos botones de las plantas,
si ensucia y come todo cuanto plantas 30
este vil Caracol de baja esfera?
O mátale al instante, o vaya fuera.
—Quien ahora te oyese,
si no te conociese,
respondió el Caracol, en mi conciencia 35

que pudiera temblar en tu presencia.
Mas dime, miserable criatura,
que acabas de salir de la basura,
¿puedes negar que aún no hace cuatro días
que gustosa solías   40
como humilde reptil andar conmigo,
y yo te hacía honor en ser tu amigo?
¿No es también evidente
que eres por línea recta descendiente
de los orugas, pobres hilanderos,   45
que, mirándose en cueros,
de sus tripas hilaban y tejían
un fardo, en que el invierno se metían,
como tú te has metido,
y aún no hace cuatro días que has salido?   50
Pues si éste fue tu origen y tu casa,
¿por qué tu ventolera se propasa
a despreciar a un Caracol honrado?
El que tiene de vidrio su tejado,
esto logra de bueno   55
con tirar las pedradas al ajeno.

    Fábula VIII. Los dos Titiriteros
    Todo el pueblo, admirado,
estaba en una plaza amontonado,
y en medio se empinaba un Titerero,
enseñando una bolsa sin dinero.
—Pase de mano en mano, les decía;   5
señores, no hay engaño, está vacía.
Se la vuelven, la sopla, y al momento
derrama pesos duros. ¡Qué portento!
Levántase un murmullo de repente,

cuando ven por encima de la gente 10
otro Titiritero a competencia.
Queda en expectación la concurrencia
con silencio profundo.
Cesó el primero, y empezó el segundo.
Presenta de licor unas botellas: 15
Algunos se arrojaron hacia ellas,
y al punto las hallaron transformadas
en sangrientas espadas.
Muestra un par de bolsillos de doblones:
Dos personas, sin duda dos ladrones, 20
les echaron la garra muy ufanos,
y se ven dos cordeles en sus manos.
A un relator cargado de procesos
una letra le enseña de mil pesos.
—Sople usted. Sopla el hombre apresurado, 25
y le cierra los labios un candado.
A un abate arrimado a su cortejo
le presenta un espejo,
y al mirar su retrato peregrino,
se vio con las orejas de pollino. 30
A un santero le manda
que se acerque: Le pilla la demanda,
y allá con sus hechizos
la convirtió en merienda de chorizos.
A un joven desenvuelto y rozagante 35
le regala un diamante:
Éste le dio a su dama, y en el punto
pálido se quedó como un difunto,
ítem más, sin narices y sin dientes.
Allí fue la rechifla de las gentes, 40
la burla y la chacota.

El primer Titerero se alborota.
Dice por el segundo con denuedo:
—Ese hombre tiene un diablo en cada dedo,
pues no encierran virtud tan peregrina   45
los polvos de la madre Celestina.
Que declare su nombre.
El concurso lo pide, y el buen hombre
entonces, más modesto que un novicio,
dijo: —No soy el diablo, sino el vicio.   50

Fábula IX. El Raposo y el Perro

De un modo muy afable y amistoso
el Mastín de un pastor con un Raposo
se solía juntar algunos ratos,
como tal vez los perros y los gatos
con amistad se tratan. Cierto día   5
el Zorro a su compadre le decía:
—Estoy muy irritado;
los hombres por el mundo han divulgado
que mi raza inocente, ¡qué injusticia!,
les anda circumcirca en la malicia.   10
¡Ah, maldita canalla!,
si yo pudiera... En esto el Zorro calla,
y erizado se agacha. —Soy perdido,
dice, los cazadores he oído.
¿Qué me sucede?
              —Nada.   15
No temas, le responde el camarada,
son las gentes que pasan al mercado.
Mira, mira, cuitado,
marchar, haldas en cinta, a mis vecinas,
coronadas con cestas de gallinas.   20

—No estoy, dijo el Raposo, para fiestas:
Vete con tus gallinas y tus cestas,
y satiriza a otro. Porque sabes
que robaron anoche algunas aves,
¿he de ser yo el ladrón?
—En mi conciencia,   25
que hablé, dijo el Mastín, con inocencia.
¿Yo pensar que has robado gallinero,
cuando siempre te vi como un cordero?
—¡Cordero!, exclama el Zorro. No hay
aguante.
Que cordero me vuelva en el instante,   30
si he hurtado el que falta en tu majada.
—¡Hola!, concluye el Perro, camarada,
el ladrón es usted, según se explica.
El estuche molar al punto aplica
al mísero Raposo,   35
para que así escarmiente el cosquilloso,
que de las fabulillas se resiente.
—Si no estás inocente,
dime, ¿por qué no bajas las orejas?
Y si acaso lo estás, ¿de qué te quejas?   40

Libro IX

Fábula I. El Gato y las Aves
Charlatanes se ven por todos lados,
en plazas y en estrados,
que ofrecen sus servicios, ¡cosa rara!,
a todo el mundo por su linda cara.
Éste, químico y médico excelente, 5
cura a todo doliente;
pero gratis: No se hable de dinero.
El otro, petimetre caballero,
canta, toca, dibuja, borda, danza,
y ofrece la enseñanza 10
gratis, por afición, a cierta gente.
Veremos en la Fábula siguiente
si puede haber en esto algún engaño.
La prudente cautela no hace daño.
Dejando los desvanes y rincones 15
desiertos de ratones,
el señor Mirrimiz, Gato de maña,
se salió de la villa a la campaña.
En paraje sombrío,
a la orilla de un río 20
de sauces coronado,
en unas matas se quedó agachado.
El Gatazo callaba como un muerto,
escuchando el concierto
de dos mil Avecillas, 25
que en las ramas cantaban maravillas;
pero callaba en vano,
mientras no se acercaban a su mano
los músicos volantes, pues quería

Mirrimiz arreglar la sinfonía. 30
Cansado de esperar, prorrumpe al cabo,
sacando la cabeza: —Bravo, bravo.
La turba calla: cada cual procura
alejarse o meterse en la espesura;
mas él les persuadió con buenos modos, 35
y al fin logró que le escuchasen todos.
—No soy Gato montés o campesino.
Soy honrado vecino
de la cercana villa:
Fui Gato de un maestro de capilla; 40
la música aprendí, y aun, si me empeño,
veréis cómo os la enseño,
pero gratis y en menos de una hora.
¡Qué cosa tan sonora
será el oír un coro de cantores, 45
verbigracia calandrias, ruiseñores!
Con estas y otras cosas diferentes,
algunas de las Aves inocentes
con manso vuelo a Mirrimiz llegaron:
Todas en torno de él se colocaron. 50
Entonces, con más gracia
y más diestro que el músico de Tracia,
echando su compás hacia el más gordo,
consigue gratis merendarse un tordo.

 Fábula II. La danza pastoril
 A la sombra que ofrece
un gran peñón tajado,
por cuyo pie corría
un arroyuelo manso,
se formaba en estío 5

un delicioso prado.
Los árboles silvestres
aquí y allí plantados,
el suelo siempre verde
de mil flores sembrado, 10
más agradable hacían
el lugar solitario.
Contento en él pasaba
la siesta, recostado
debajo de una encina, 15
con el albogue, Bato.
Al son de sus tonadas,
los pastores cercanos,
sin olvidar algunos
la guarda del ganado, 20
descendían ligeros
desde la sierra al llano.
Las honestas zagalas,
según iban llegando,
bailaban lindamente 25
asidas de las manos,
en torno de la encina
donde tocaba Bato.
De las espesas ramas
se veía colgando 30
una guirnalda bella
de rosas y amaranto.
La fiesta presidía
un mayoral anciano;
y ya que el regocijo 35
bastó para descanso,
antes que se volviesen

alegres al rebaño,
el viejo presidente
con su corvo cayado 40
alcanzó la guirnalda
que pendía del árbol,
y coronó con ella
los cabellos dorados
de la gentil zagala, 45
que con sencillo agrado
supo ganar a todas
en modestia y recato.
Si la virtud premiaran
así los cortesanos, 50
yo sé que no huiría
desde la corte al campo.

    Fábula III. Los dos Perros
  Procure ser en todo lo posible,
el que ha de reprender, irreprensible.
Sultán, perro goloso y atrevido,
en su casa robó, por un descuido,
una pierna excelente de carnero. 5
Pinto, gran tragador, su compañero,
le encuentra con la presa encarnizado,
ojo al través, colmillo acicalado,
fruncidas las narices y gruñendo.
—¿Qué cosa estás haciendo, 10
desgraciado Sultán?, Pinto le dice.
¿No sabes, infelice,
que un Perro infiel, ingrato,
no merece ser perro, sino gato?
¡Al amo, que nos fía 15

la custodia de casa noche y día,
nos halaga, nos cuida y alimenta,
le das tan buena cuenta
que le robas, goloso,
la pierna del carnero más jugoso! 20
Como amigo te ruego
no la maltrates más: Déjala luego.
—Hablas, dijo Sultán, perfectamente.
Una duda me queda solamente
para seguir al punto tu consejo: 25
Di, ¿te la comerás, si yo la dejo?

   Fábula IV. La Moda
  Después de haber corrido
cierto danzante Mono
por cantones y plazas,
de ciudad en ciudad, el mundo todo,
logró, dice la historia 5
aunque no cuenta el cómo,
volverse libremente
a los campos del África orgulloso.
Los monos al viajero
reciben con más gozo 10
que a Pedro el zar los rusos,
que los griegos a Ulises generoso.
De leyes, de costumbres,
ni él habló ni algún otro
le preguntó palabra; 15
pero de trajes y de modas, todos.
En cierta jerigonza,
con extranjero tono
les hizo un gran detalle

de lo más remarcable a los curiosos.   20
—Empecemos, decían,
aunque sea por poco.
Hiciéronse zapatos
con cáscaras de nueces, por lo pronto.
Toda la raza mona   25
andaba con sus choclos,
y el no traerlos era
faltar a la decencia y al decoro.
Un leopardo hambriento
trepa para los monos: 30
Ellos huir intentan
a salvarse en los árboles del soto.
Las chinelas lo estorban,
y de muy fácil modo
aquí y allí mataba,   35
haciendo a su placer dos mil destrozos.
En Tetuán, desde entonces
manda el senado docto
que cualquier uso o moda,
de países cercanos o remotos,   40
antes que llegue el caso
de adoptarse en el propio,
haya de examinarse
en junta de políticos, a fondo.
Con tan justo decreto   45
y el suceso horroroso,
¿dejaron tales modas?
Primero dejarían de ser monos.

    Fábula V. El Lobo y el Mastín
    Trampas, redes y perros,

los celosos pastores disponían
en lo oculto del bosque y de los cerros,
porque matar querían
a un Lobo por el bárbaro delito 5
de no dejar a vida ni un cabrito.
Hallose cara a cara
un Mastín con el Lobo de repente,
y cada cual se para,
tal como en Zama estaban frente a frente, 10
antes de la batalla, muy serenos
Aníbal y Escipión, ni más ni menos.
En esta suspensión, treguas propone
el Lobo a su enemigo.
El Mastín no se opone, 15
antes le dice: —Amigo,
es cosa bien extraña, por mi vida,
meterse un señor Lobo a cabricida.
Ese cuerpo brioso
y de pujanza fuerte, 20
que mate al jabalí, que venza al oso;
mas ¿qué dirán al verte
que lo valiente y fiero
empleas en la sangre de un cordero?
El Lobo le responde: —Camarada, 25
tienes mucha razón; en adelante
propongo no comer sino ensalada.
Se despiden y toman el portante.
Informados del hecho,
los pastores se apuran y patean; 30
agarran al Mastín y le apalean.
Digo que fue bien hecho;
pues en vez de ensalada, en aquel año

se fue comiendo el Lobo su rebaño.
¿Con una represión, con un consejo 35
se pretende quitar un vicio añejo?

Fábula VI. La Hermosa y el Espejo

Anarda la bella
tenía un amigo
con quien consultaba
todos sus caprichos.
Colores de moda, 5
más o menos vivos,
plumas, sombreretes,
lunares y rizos
jamás en su adorno
fueron admitidos, 10
si él no la decía:
Gracioso, bonito.
Cuando su hermosura,
llena de atractivo,
en sus verdes años 15
tenía más brillo,
traidoras la roban,
ni acierto a decirlo,
las negras viruelas
sus gracias y hechizos. 20
Llegose al Espejo.
Éste era su amigo;
y como se jacta
de fiel y sencillo,
lisa y llanamente 25
la verdad la dijo.
Anarda, furiosa,

casi sin sentido,
le vuelve la espalda,
dando mil quejidos.   30
Desde aquel instante
cuentan que no quiso
volver a consultas
con el señor mío.
Escúchame, Anarda: 35
«Si buscas amigos
que te representen
tus gracias y hechizos,
mas que no te adviertan
defectos y aun vicios,   40
de aquellos que nadie
conoce en sí mismo,
dime, ¿de qué modo
podrás corregirlos?».

    Fábula VII. El Viejo y el Chalán
    Fabio está, no lo niego, muy notado
de una cierta pasión, que le domina;
mas, ¿qué importa, señor? Si se examina,
se verá que es un mozo muy honrado,
generoso, cortés, hábil, activo,   5
y que de todo entiende
cuanto pide el empleo que pretende.
Y qué, ¿no se le dan...? ¿Por qué motivo...?
Trataba un Viejo de comprar un perro
para que le guardase los doblones.   10
Le decía el Chalán estas razones:
—Con un collar de hierro
que tenga el animal, échenle gente:

Es hermoso, pujante,
leal, bravo, arrogante;   15
y aunque tiene la falta solamente
de ser algo goloso...
—¿Goloso?, dice el Rico. No le quiero.
—No es para marmitón ni despensero,
continúa el Chalán muy presuroso,   20
sino para valiente centinela.
—Menos, concluye el Viejo;
dejará que me quiten el pellejo
por lamer entre tanto la cazuela.

Fábula VIII. La Gata con cascabeles
   Salió cierta mañana
Zapaquilda al tejado
con un collar de grana,
de pelo y cascabeles adornado.
Al ver tal maravilla,   5
del alto corredor y la guardilla
van saltando los gatos de uno en uno.
Congrégase al instante
tal concurso gatuno
en torno de la Dama rozagante,   10
que entre flexibles colas arboladas
apenas divisarla se podía.
Ella, con mil monadas,
el cascabel parlero sacudía.
Pero, cesando al fin el sonsonete,   15
dijo que por juguete
quitó el collar al perro su señora,
y se lo puso a ella.
Cierto que Zapaquilda estaba bella:

A todos enamora,　　　　　　　　　　　20
tanto, que en la gatesca compañía,
cuál dice su atrevido pensamiento,
cuál se encrespa celoso;
riñen éste y aquél con ardimiento,
pues con ansia quería　　　　　　　　25
cada gato soltero ser su esposo.
Entre los arañazos y maullidos
levántase Garraf, Gato prudente,
y a los enfurecidos
les grita: —Novel gente,　　　　　　　30
¡Gata con cascabeles por esposa!
¿Quién pretende tal cosa?
¿No veis que el cascabel la caza ahuyenta,
y que la dama hambrienta
necesita sin duda que el marido,　　　35
ausente y aburrido,
busque la provisión en los desvanes,
mientras ella, cercada de galanes,
porque el mundo la vea,
de tejado en tejado se pasea?　　　　40
Marchose Zapaquilda convencida,
y lo mismo quedó la concurrencia.
¡Cuántos chascos se llevan en la vida
los que no miran más que la apariencia!

Fábula IX. El Ruiseñor y el Mochuelo
　　Una noche de mayo,
dentro de un bosque espeso,
donde, según reinaba
la triste oscuridad con el silencio,
parece que tenía　　　　　　　　　　5

su habitación Morfeo;
cuando todo viviente
disfrutaba del dulce y blando sueño,
pendiente de una rama
un Ruiseñor parlero   10
empezó con sus ayes
a publicar sus dolorosos celos.
Después de mil querellas,
que llegaron al cielo,
a cantar empezaba   15
la antigua historia del infiel Tereo;
cuando, sin saber cómo,
un cazador Mochuelo
al músico arrebata
entre las corvas uñas prisionero.   20
Jamás Pan con la flauta
igualó sus gorjeos,
ni resonó tan grata
la dulce lira del divino Orfeo.
No obstante, cuando daba   25
sus últimos lamentos,
los vecinos del bosque
aplaudían su muerte: Yo lo creo.
Si con sus serenatas
el mismo Farinelo   30
viniese a despertarme,
mientras que yo dormía en blando lecho,
en lugar de los bravos,
diría: «Caballero,
¡que no viniese ahora   35
para tal Ruiseñor algún Mochuelo!».
Clori tiene mil gracias,

y ¿qué logra con eso?
Hacerse fastidiosa
por no querer usarlas a su tiempo.　　　　40

    Fábula X. El Amo y el Perro
  —Callen todos los perros de este mundo
donde está mi Palomo:
Es fiel, decía el Amo, sin segundo,
y me guarda la casa... Pero ¿cómo?
Con la despensa abierta　　　　　　　　　5
le dejé cierto día;
en medio de la puerta,
de guardia se plantó con bizarría.
Un formidable gato,
en vez de perseguir a los ratones,　　　　10
se venía, guiado del olfato,
a visitar chorizos y jamones.
Palomo le despide buenamente;
el gatazo se encrespa y acalora;
riñen sangrientamente,　　　　　　　　　15
y mi guarda—jamones le devora.
Esto contaba el Amo a sus amigos,
y después a su casa se los lleva
a que fuesen testigos
de tal fidelidad en otra prueba.　　　　　20
Tenía al buen Palomo prisionero
entre manidas pollas y perdices;
los sebosos riñones de un carnero
casi casi le untaban las narices.
Dentro de este retiro a penitencia　　　　25
el triste fue metido,
después de algunos días de abstinencia.

Al fin, ya su Señor, compadecido,
abre con sus amigos el encierro:
Sale rabo entre piernas, agachado; 30
al Amo se acercaba el pobre Perro,
lamiéndose el hocico ensangrentado.
El Dueño se alborota y enfurece
con tan fatales nuevas.
Yo le preguntaría: ¿Y qué merece 35
quien la virtud expone a tales pruebas?

Fábula XI. Los dos Cazadores

Que en una marcial función,
o cuando el caso lo pida,
arriesgue un hombre su vida,
digo que es mucha razón.
Pero el que por diversión 5
exponer su vida quiera
a juguete de una fiera,
o peligros no menores,
sepa de dos Cazadores
una historia verdadera. 10
Pedro Ponce el valeroso
y Juan Carranza el prudente
vieron venir frente a frente
al lobo más horroroso.
El prudente, temeroso, 15
a una encina se abalanza,
y cual otro Sancho Panza,
en las ramas se salvó.
Pedro Ponce allí murió.

Imitemos a Carranza. 20

   Fábula XII. El Gato y el Cazador
   Cierto Gato, en poblado descontento,
por mejorar sin duda su destino,
que no sería Gato de convento,
pasó de ciudadano a campesino.
Metiose santamente 5
dentro de una covacha, mas no lejos
de un gran soto poblado de conejos.
Considere el lector piadosamente
si el novel ermitaño
probaría la yerba en todo el año. 10
Lo mejor de la caza devoraba,
haciendo mil excesos;
mas al fin, por el rastro que dejaba
de plumas y de huesos,
un Cazador lo advierte: Le persigue; 15
arma trampas y redes con tal maña,
que al instante consigue
atrapar la carnívora alimaña.
Llégase el Cazador al prisionero;
quiere darle la muerte; 20
el animal le dice: —Caballero,
duélase de la suerte
de un triste pobrecito,
metido en la prisión, y sin delito.
—¿Sin delito, me dices, 25
cuando sé que tus uñas y tus dientes
devoran infinitos inocentes?
—Señor, eran conejos y perdices;
y yo no hacía más, a fe de Gato,

que lo que ustedes hacen en el plato. 30
—Ea, pícaro, muere;
que tu mala razón no satisface.
Conque sea la cosa que se fuere,
¿la podrá usted hacer, si otro la hace?

    Fábula XIII. El Pastor
  Salicio usaba tañer
la zampoña todo el año,
y, por oírle, el rebaño
se olvidaba de pacer.
Mejor sería romper 5
la zampoña al tal Salicio,
porque, si causa perjuicio
en lugar de utilidad,
la mayor habilidad,
en vez de virtud, es vicio. 10

    Fábula XIV. El Tordo flautista
  Era un gusto el oír, era un encanto,
a un Tordo gran flautista; pero tanto,
que en la gaita gallega,
o la pasión me ciega,
o a Misón le llevaba mil ventajas. 5
Cuando todas las aves se hacen rajas
saludando a la aurora,
y la turba confusa charladora
la canta sin compás y con destreza
todo cuanto la viene a la cabeza, 10
el flautista empezó: Cesó el concierto.
Los pájaros con tanto pico abierto
oyeron en un tono soberano

las folías, la gaita y el villano.
Al escuchar las aves tales cosas, 15
quedaron admiradas y envidiosas.
Los jilgueros, preciados de cantores,
los vanos ruiseñores,
unos y otros, corridos,
callan, entre las hojas escondidos. 20
Ufano el Tordo grita: —Camaradas,
ni saben ni sabrán estas tonadas
los pájaros ociosos,
sino los retirados estudiosos.
Sabed que con un hábil zapatero 25
estudié un año entero:
Él, dale que le das a sus zapatos,
y alternando, silbábamos a ratos.
En fin, viéndome diestro,
vuela al campo, me dice mi maestro, 30
y harás ver a las aves, de mi parte,
lo que gana el ingenio con el arte.

    Fábula XV. El Raposo y el Lobo
    Un triste Raposo
por medio del llano
marchaba sin piernas,
cual otro soldado
que perdió las suyas 5
allá en Campo Santo.
Un Lobo le dijo:
—Hola, buen hermano,
diga, ¿en qué refriega
quedó tan lisiado? 10
—¡Ay de mí!, responde;

un maldito rastro
me llevó a una trampa,
donde por milagro,
dejando una pierna,   15
salí con trabajo.
Después de algún tiempo
iba yo cazando,
y en la trampa misma
dejé pierna y rabo.   20
El Lobo le dice:
—Creíble es el caso.
Yo estoy tuerto, cojo
y desorejado
por ciertos mastines,   25
guardas de un rebaño.
Soy de estas montañas
el Lobo decano.
Y como conozco
las mañas de entrambos,   30
temo que acabemos,
no digo enmendados,
sino tú en la trampa
y yo en el rebaño.
¡Que el ciego apetito   35
pueda arrastrar tanto!
A los brutos pase.
Pero ¡a los humanos!

   Fábula XVI. El Ciudadano Pastor
  Cierto Joven leía
en versos excelentes
las dulces pastorales

con el mayor deleite.
Tenía la cabeza 5
llena de prados, fuentes,
pastores y zagalas,
zampoñas y rabeles.
Al fin, cierta mañana
prorrumpe de esta suerte: 10
—¡Yo he de estar prisionero,
cercado de paredes,
esclavo de los hombres
y sujeto a las leyes,
pudiendo entre pastores, 15
grata y sencillamente,
disfrutar desde ahora
la libertad campestre!
De la ciudad al bosque
me marcho para siempre. 20
Allí naturaleza
me brinda con sus bienes,
los árboles y ríos
con frutas y con peces,
los ganados y abejas 25
con la miel y la leche.
Hasta las duras rocas
habitación me ofrecen
en grutas coronadas
de pámpanos silvestres. 30
Desde tan bella estancia,
¿cuántas y cuántas veces,
al son de dulces flautas
y sonoros rabeles,
oiré a los pastores 35

que discretos contienden,
publicando en sus versos
amores inocentes?
Como que ya diviso
entre el ramaje verde 40
a la Pastora Nise,
que al lado de una fuente,
sentada al pie de un olmo,
una guirnalda teje.
¿Si será para Mopso...? 45
Tanto el Joven enciende
su loca fantasía
que ya en fin se resuelve,
y en Zagal disfrazado
en los bosques se mete. 50
A un rabadán encuentra,
y le pregunta alegre:
—Dime, ¿es de Melibeo
ese ganado?
       —Miente,
que es mío; y sobre todo 55
sea de quien se fuere.
No respondió el buen hombre
muy poéticamente.
El Joven, temeroso
de que tal vez le diese 60
con el fiero garrote
que por cayado tiene,
sin chistar más palabra
huyó bonitamente.
Marchaba pensativo, 65
cuando quiso la suerte

que, cogiendo bellotas,
a la Pastora viese.
—¡Oh Nise fementida!,
exclama. ¡Cuántas veces, 70
siendo niña, querías
que yo te recogiese
la fruta con rocío
de mis manzanos verdes!
Diciendo así, se acerca. 75
La Moza se revuelve,
y dándole un bufido,
en las breñas se mete.
Sorprendido el Mancebo,
dice: —¿Qué me sucede? 80
¿Son éstos los pastores
discretos, inocentes,
que pintan los poetas
tan delicadamente?
A nuevos desengaños 85
ya no quiero exponerme.
Rendido, caviloso,
a la ciudad se vuelve.
Yo siento a par del alma
que no se detuviese 90
a disfrutar un poco
de la vida campestre.
Por mi fe, que las migas,
el pastoril albergue,
el rigor del verano, 95
los yelos y las nieves,
le hubieran persuadido
mucho más vivamente.

Que es un solemne loco
todo aquel que creyere 100
hallar en la experiencia
cuanto el hombre nos pinta por deleite.

Fábula XVII. El Ladrón
Por catar una colmena
cierto goloso Ladrón,
del venenoso aguijón
tuvo que sufrir la pena.
—La miel, dice, esta muy buena: 5
Es un bocado exquisito.
Por el aguijón maldito
no volveré al colmenar.
¡Lo que tiene el encontrar
la pena tras el delito! 10

Fábula XVIII. El joven Filósofo y sus compañeros
Un Joven, educado
con el mayor cuidado
por un viejo filósofo profundo,
salió por fin a visitar el mundo.
Concurrió cierto día, 5
entre civil y alegre compañía,
a una mesa abundante y primorosa.
—¡Espectáculo horrendo!, ¡fiera cosa!,
¡la mesa de cadáveres cubierta
a la vista del hombre...! ¡Y éste acierta 10
a comer los despojos de la muerte!
El Joven declamaba de esta suerte.
Al son de filosóficas razones,
devorando perdices y pichones,

le responden algunos concurrentes: 15
—Si usted ha de vivir entre las gentes,
deberá hacerse a todo.
Con un gracioso modo,
alabando el bocado de exquisito,
le presentan un gordo pajarito. 20
—Cuanto usted ha exclamado será cierto;
mas, en fin, le decían, ya está muerto.
Pruébelo por su vida... Considere
que otro le comerá, si no le quiere.
La ocasión, las palabras, el ejemplo 25
y, según yo contemplo,
yo no sé qué olorcillo
que exhalaba el caliente pajarillo,
al Joven persuadieron de manera,
que al fin se le comió. —¡Quién lo dijera! 30
¡Haber yo devorado un inocente!
Así exclamaba, pero fríamente.
Lo cierto es que, llevado de aquel cebo,
con más facilidad cayó de nuevo.
La ocasión se repite 35
de uno en otro convite,
y de una codorniz a una becada
llegó el Joven, al fin de la jornada,
olvidando sus máximas primeras,
a ser devorador como las fieras. 40
De esta suerte los vicios se insinúan,
crecen, se perpetúan
dentro del corazón de los humanos,
hasta ser sus señores y tiranos.
Pues ¿qué remedio...? Incautos jovencitos, 45

cuenta con los primeros pajaritos.

Fábula XIX. El Elefante, el Toro, el Asno y los demás Animales
Los mansos y los fieros animales,
a que se remediasen ciertos males
desde los bosques llegan,
y en la rasa campaña se congregan.
Desde la más pelada y alta roca   5
un Asno trompetero los convoca.
El concurso ya junto,
instruido también en el asunto,
pues a todos por Júpiter previno
con cédula ante diem el Pollino,   10
imponiendo silencio el Elefante,
así dijo: —Señores, es constante
en todo el vasto mundo
que yo soy en lo fuerte sin segundo:
Los árboles arranco con la mano1,   15
venzo al león, y es llano
que un golpe de mi cuerpo en la muralla
abre sin duda brecha. A la batalla
llevo todo un castillo guarnecido;
en la paz y en la guerra soy tenido   20
por un bruto invencible,
no sólo por mi fuerza irresistible,
por mi gordo coleto y grave masa,
que hace temblar la tierra donde pasa.
Mas, señores, con todo lo que cuento,   25
sólo de vegetales me alimento,
y como a nadie daño, soy querido,
mucho más respetado que temido.

Aprended, pues, de mí, crueles fieras,
las que hacéis profesión de carniceras, 30
y no hagáis, por comer, atroces muertes,
puesto que no seréis, ni menos fuertes,
ni menos respetadas,
sino muy estimadas
de grandes y pequeños animales, 35
viviendo, como yo, de vegetales.
—Gran pensamiento, dicen, gran discurso,
y nadie se le opone del concurso.
Habló después un Toro de Jarama;
escarba el polvo, cabecea, brama. 40
—Vengan, dice, los lobos y los osos,
si son tan poderosos,
y en el circo verán con qué donaire
les haré que volteen por el aire.
¡Qué!, ¿son menos gallardos y valientes 45
mis cuernos que sus garras y sus dientes?
Pues ¿por qué los villanos carniceros
han de comer mis vacas y terneros?
Y si no se contentan
con las hojas y yerbas, que alimentan 50
en los bosques y prados
a los más generosos y esforzados,
que muerdan de mis cuernos al instante,
o si no, de la trompa al Elefante.
La asamblea aprobó cuanto decía 55
el Toro con razón y valentía.
Seguíase a los dos en el asiento,
por falta de buen orden, el Jumento,
y con rubor expuso sus razones:
—Los milanos, prorrumpe, y los halcones 60

(no ofendo a los presentes, ni quisiera),
sin esperar tampoco a que me muera,
hallan para sus uñas y su pico
estuche entre los lomos del Borrico.
Ellos querrán ahora, como bobos, 65
comer la yerba a los señores lobos.
Nada menos: Aprendan los malditos
de las chochaperdices o chorlitos,
que, sin hacer a los jumentos guerra,
envainan sus picotes en la tierra. 70
Y viva todo el mundo santamente,
sin picar ni morder en lo viviente.
—Necedad, disparate, impertinencia,
gritaba aquí y allí la concurrencia.
Haya silencio, claman, haya modo. 75
Alborótase todo:
Crece la confusión, la grita crece;
por más que el Elefante se enfurece,
se deshizo en desorden la asamblea.
Adiós, gran pensamiento; adiós, idea. 80
Señores animales, yo pregunto:
¿Habló el Asno tan mal en el asunto?
¿Discurrieron tal vez con más acierto
el Elefante y Toro? No por cierto.
Pues ¿por qué solamente al buen Pollino 85
le gritan disparate, desatino?
Porque nadie en razones se paraba,
sino en la calidad de quien hablaba.
Pues, amigo Elefante, no te asombres.
por la misma razón entre los hombres 90
se desprecia una idea ventajosa.
¡Qué preocupación tan peligrosa!

Libros a la carta

A la carta es un servicio especializado para
empresas,
librerías,
bibliotecas,
editoriales
y centros de enseñanza;
y permite confeccionar libros que, por su formato y concepción, sirven a los propósitos más específicos de estas instituciones.

Las empresas nos encargan ediciones personalizadas para marketing editorial o para regalos institucionales. Y los interesados solicitan, a título personal, ediciones antiguas, o no disponibles en el mercado; y las acompañan con notas y comentarios críticos.

Las ediciones tienen como apoyo un libro de estilo con todo tipo de referencias sobre los criterios de tratamiento tipográfico aplicados a nuestros libros que puede ser consultado en Linkgua—ediciones.com.

Linkgua edita por encargo diferentes versiones de una misma obra con distintos tratamientos ortotipográficos (actualizaciones de carácter divulgativo de un clásico, o versiones estrictamente fieles a la edición original de referencia).

Este servicio de ediciones a la carta le permitirá, si usted se dedica a la enseñanza, tener una forma de hacer pública su interpretación de un texto y, sobre una versión digitalizada «base», usted podrá introducir interpretaciones del texto fuente. Es un tópico que los profesores denuncien en clase los desmanes de una edición, o vayan comentando errores de interpretación de un texto y esta es una solución útil a esa necesidad del mundo académico.

Asimismo publicamos de manera sistemática, en un mismo catálogo, tesis doctorales y actas de congresos académicos, que son distribuidas a través de nuestra Web.

El servicio de «libros a la carta» funciona de dos formas.

1. Tenemos un fondo de libros digitalizados que usted puede personalizar en tiradas de al menos cinco ejemplares. Estas personalizaciones pueden ser de todo tipo: añadir notas de clase para uso de un grupo de estudiantes, introducir logos corporativos para uso con fines de marketing empresarial, etc. etc.

2. Buscamos libros descatalogados de otras editoriales y los reeditamos en tiradas cortas a petición de un cliente.

www.ingramcontent.com/pod-product-compliance
Lightning Source LLC
LaVergne TN
LVHW041250080426
835510LV00009B/681